| 김연수 명상에세이 |

당신의 내면에 깨달음의 혁명이 일어난다!

내 밖의 나

내 밖의 나

김연수 지음

발행처 · 도서출판 **청어**
발행인 · 이영철
영　업 · 이동호
홍　보 · 최윤영
기　획 · 천성래 | 이용희
편　집 · 방세화
디자인 · 김바라 | 서경아
제작부장 · 공병한
인　쇄 · 두리터

등　록 · 1999년 5월 3일
(제321-3210000251001999000063호)

1판 1쇄 발행 · 2010년 7월　5일
1판 4쇄 발행 · 2016년 7월 10일

주　소 · 서울특별시 서초구 효령로55길 45-8
대표전화 · 02) 586-0477
팩시밀리 · 02) 586-0478

홈페이지 · www.chungeobook.com
E-mail · ppi20@hanmail.net
ISBN · 978-89-93563-94-8 (03810)

이 책의 저작권은 저자와 도서출판 청어에 있습니다.
무단 전재 및 복제를 금합니다.

내 밖의 나

Contents

이 책을 쓰면서

제1장 나는 무엇인가
1. 우리는 꿈꾸고 있다   24
2. 만들어진 이야기   30
3. 나는 무엇인가   36
4. 왜 세상은 이 모양인가   41
5. 모든 착각의 시작점   46
[명상하기]   50

제2장 내 안에 갇힌 나
1. 개념의 삶에서 깨어나라   52
2. 모든 변화의 근원인 나   61
3. 이제 이야기를 끝내라   66
4. 진짜로 사는 삶   73
5. 세상은 온전한 채 살아 있다   79
6. 나의 존재방식   86
[명상하기]   93

제3장 존재방식(식스존)의 변화
1. 생각존(Think Zone) (1)   96
2. 생각존(Think Zone) (2)   104
3. 감정존(Emotion Zone)   113
4. 휴먼존(Human Zone)   119
5. 감각존(Sense Zone)   127
6. 시공간존(Time & Space Zone)   133
7. 식스존 명상의 핵심요약   139
[명상하기]   146

제4장 깨달음의 비밀

1. 내 안의 나와 내 밖의 나 … 148
2. 있음과 없음 … 153
3. 전체와 개체 … 162
4. 관점 바꾸기 … 169
5. 존재방식을 바꿔라 … 176
6. 깨달음의 비밀 … 183
7. 아무것도 아닌 것 … 196
[명상하기] … 201

제5장 깨어 있음과 명상수행

1. 배역과 배우의 차이 … 204
2. 마음이 죽음 후에도 존재하는 증거 … 209
3. 무엇을 깨닫는 것인가 … 217
4. 수행해서 되는 게 아니다 … 230
5. 스톱(STOP) 명상 … 237
6. 지금 여기(NOW)에 깨어나기 … 248
[명상하기] … 256

제6장 내 밖의 나

1. 우주 전체가 나를 산다 … 258
2. 내가 우주를 움직인다 … 264
3. 있음과 없음의 재발견 … 276
4. 깨달음의 혁명 … 284
5. 창조와 체험 … 291

제7장 〈거듭나기〉 안내

1. 거듭나기 명상학교 소개 … 304
2. 명상학교 수강 소감 … 312
3. 식스존 명상 소개 … 328

너부터

⚜

인생의 목적은 참된 진리를 만나 그것과 하나가 되는 것이다.
그대 안에는 이미 그러한 운명의 씨앗이 뿌려져 있다.

그대가 다른 길을 아무리 많이 다녀도
스스로 완전히 만족하지 못하는 이유는 바로 이 때문이다.

이 책을 쓰면서

먼저 당신에게 내가 살아온 삶을 짧게 간추려 소개하고 싶습니다.

나는 어려서부터 오랜 세월 기독교를 믿어왔습니다.
고등학교 때 나는 아주 독실한 크리스천이었으며 그래서 학교 전체 종교반의 대표도 지냈지요. 그러나 기독교의 좋은 점만을 생각하고 우리 마음을 더 행복하고 평화롭게 해주는 감사와 은총의 체험 속에서 나날이 더 깊어가는 마음의 기쁨에 집중하는 대다수 일반 기독교인들과는 달리, 나는 점점 더 나이가 들면서 객관적으로 존재하는 우주의 법칙과 일치하지 못하거나 공룡과 원시생명의 진화 같은 것을 완벽하게 설명하지 못하는 기독교의 비과학적인 교리에 만족할 수가 없었습니다. 지금 와서 보면 다 한때의 일시적 생각 속 판단에 불과한 것이었지만 말입니다.

젊었을 적 나는 이렇게 느낌 속에 실존하기보다는 생각 속에서 판단 분별하기를 즐겨했었습니다. 그 당시에 나는 무엇보다도 먼저 〈나〉가 무엇인지를 알아야 한다고 생각했습니다.

사실 성경이나 불경 같은 경전을 똑바로 잘 읽는 것도 나요, 잘못 해석하는 것도 내가 아닌가요. 그렇다면 이렇게 모든 것을 올바르게도 할 수 있고 잘못되게도 할 수 있는 〈나〉를 먼저 생각하지 않고 다른 무엇을 먼저 중시할 수 있다는 말인가 하는 생각을 나는 했습니다.

기독교인들은 항상 성경을 가까이하라고 말하지만 그때의 내 생각은 달랐습니다.

성경이나 경전이 중요한 게 아니라 그 책의 의미를 찾아내는 마음의 눈이 새로워지는 것이 더 중요한 게 아닌가라고 생각했습니다.

게다가 어려서부터 나에게 실제로 일어난 일들은 기독교 성직자들의 가르침과는 다른 것들이었습니다.

예컨대, 아버지는 내가 열 살 때 돌아가셨는데, 자주 내 꿈에 나타나 내가 어려움에 봉착할 때마다 현실적인 도움을 주거나 영향을 미치곤 했습니다. 이것은 죽은 자는 다 같이 무덤 속에 누워 마지막 날 부활을 기다리며 아무것도 못하며 죽은 상태로 보류된다는 기독교 성직자들의 성경 해석과는 전혀 일치하지 않는 현상이었지요. 게다가 나는 가끔 나와 전혀 상관이 없는 이집트나 고대 중국의 다른 인물에 대한 꿈을 몇 년에 한 번씩 정기적으로 되풀이해서 꾸었습니다. 신기한 것은 이 세상에선 만난 적이 전혀 없는 얼굴들임에도 불구하고 꿈속에선 그들이 누군지 확실하게 아는 것이었습니다.

그래서 대학에 들어간 후, 나의 지적인 호기심은 윤회를 주장하는 불교 쪽으로 향했습니다. 처음 만난 불교는 매우 어려웠고, 마구잡이로 체계 없이 접한 불교는 접할수록 더욱더 난해했지요. 그래서 휴학까지 하고 여러 수행처를 방문하고 다양한 수행을 따라하다가 마침내는 출가하여 최근 수년 전에 좌탈입망하며 돌아가신 전 조계종 종정스님의 문하에까지 들어가 시자(侍者)로서 승복을 잠시 걸치기도 하였습니다.

그러나 그 당시 불교계를 휩쓸던 비수행자적인 폭력적 풍토와 환경에 환멸을 느껴 다시 세상으로 돌아왔습니다. 한마디로 나의 젊은 시절은 진리탐구에 대한 총체적인 방황기, 바로 그것이었지요.

그 이후, 홀어머니를 모시고 가족의 생계를 책임져야 하는 장남으로서 의무를 다하기 위해 나는 시험을 통해 전문직업의 자격을 얻어 직업전선에서 열심히 일했습니다. 하지만 그런 현실적인 생활을 하면서도 한날한시도 수행과 진리탐구에 대해 관심을 놓아버린 적이 없었습니다.

그리고 난 후 시간과 여건이 허락하는 대로 나는 여러 수행단체와 수행법들을 섭렵했지요. 아마 우리나라에 소개되거나 나와 있는 어느 정도 소문난 모든 수행은 거의 다 해보았을 것입니다.

그렇지만 모든 것들이 다 현대명상이나 불교의 다양한 수행법 중 어느 하나를 응용해서 보다 더 구체화한 것에 지나지 않았습니다. 그러다 보니 세월은 많이 지나갔지만 직업과 병행하는 제한된 시간 속의 수행은 나에게 뚜렷한 결실을 가져다주지 못했습니다.

　나는 나도 모르는 사이에 수행과 종교에 대해 수많은 정보와 지식을 저장하고 담은 '생각상자(think box)'가 되어가고 있었습니다.
　이윽고 나의 관심은 불교를 넘어 외국에서 넘어온 현대명상으로 넓어졌고, 그러한 지적 욕구는 한국 책으로도 모자라 외국 책들을 원서로 사서 보는 데까지 이르렀습니다. 마치 고시공부를 하듯이 빨간 줄과 노란 형광펜 줄을 그어가며 수많은 책을 보았고, 책 속에서 얻은 어떤 수행법이 좋다 여겨지면 그것을 최소한 수백 시간 정도는 수행해보면서 맛보았습니다. 어떤 특정한 수행이 좋다 하여 한 수행단체에 빠져 사업도 소홀히 한 채 몇 년을 따라다닌 적도 있었지요.
　남들이 젊음에 푹 빠져 삶을 즐길 때, 나는 이렇게 나의 젊은 날을 다 보냈습니다. 지금 와서 돌이켜보면 한마디로 나는 진정한 〈내가 누구인가?〉라는 한 의문에 걸려 오직 그것만을 알고 싶어 했던 것입니다.

　나는 내가 누구이며 어디서 왔으며 어디로 가는 존재인가를,
　그리고 지금 여기에 왜 있는가를,
　그리고 내게 주어진 이 삶에서 내가 해야 할 일은 진짜 무엇인가를 알고 싶었습니다.
　나는 이런 형이상학적 의문을 풀지 않고는 도저히 행복할 수가 없는 존재였습니다. 내가 봐도 나는 내 생각 속의 논리 속에만 매여 있던 아주 고집이 센 사람이었습니다. 다른 사람들은 이해가 좀 안 가고 불만

이 좀 있어도 적당히 종교와 타협하고 진리에 관해 적당한 지식으로 무장하고 적당히 즐기며 사는 인생을 그들 나름대로 잘 체득하여 살고 있는데, 나는 도무지 그렇지가 못했지요.

나는 진리라면 감성적으로 나에게 행복을 주는 이상으로 이성적으로나 논리적으로도 완벽해야 하며, 그렇지 않다면 그것은 신이 아닌 인간에 의해 만들어진 설화로서 내가 나를 맡길 만한 진정한 진리는 아닌 것이라고 생각했습니다. 한마디로 나는 내가 알기 원하고 풀기로 선택한 의문은 끝을 보아야만 직성이 풀리는 그런 부류의 집착이 강한 인간이었습니다.

그러다가 나는 어느 날 문득 나의 〈존재방식〉에 대해 생각해보기 시작했습니다. 즉, 무작정 남들이 좋다는 경전을 읽고 남들이 제시하는 길을 생각 없이 무비판적으로 따라갈 게 아니라 그것을 그렇게 받아들이는 나 자체에 대해 도대체 이 〈나란 무엇인가?〉를 더 본격적으로 탐구해보기로 한 것입니다.

즉, 남들은 어떤 말씀이 주어지면 그것이 〈왜 좋은가〉를 탐구하는 방식이라면, 나는 그것이 좋다는 판단을 하는 나의 이 생각은 무엇이며 어디서 나왔는가를 탐구하기 시작했습니다. 나는 이 방식이 보다 근원적인 근본을 살피는 더 원천적인 방식이란 생각을 했기 때문입니다.

오랜 세월 이러한 방황과 수행 및 탐구를 거쳐 나는 드디어 이 문제를 해결해냈습니다.

나 스스로의 힘으로.

물론 나 스스로라 하여도 그동안 이 세상에 나타나 나보다 먼저 훌륭한 말씀과 가르침을 주신 수많은 성현과 성자 분들의 영향은 알게 모르게 많이 받았음을 인정합니다. 하지만 어쨌든 나는 마침내 나의 문제를 해결해냈습니다. 그리고 이러한 나의 탐구방식을 통해 인간의 여섯 가지 존재방식에 대한 결론을 얻었고, 여기에 '식스존(Six Zone)'이라는 이름을 붙였습니다.

드디어 이 근원적인 존재의 문제를 해결하고 보니 이것은 내가 무엇을 문제라고 여긴 한 생각이었을 뿐이며, 진짜 진리는 내가 생각함 여부와 상관없이 지금 여기에 존재한다는 이 자체였으며, 이것은 모든 생각과 분별이 있기 전 세상의 모든 것과 나타난 실상 그 자체였습니다.

나는 사람들이 우리의 존재방식에 대해 서로 공통된 약속 속에서 다양한 개념들을 쓰면서 자기도 모르는 사이에 그런 개념 속에 갇혀 사는 것을 발견했습니다. 우리 모두는 언어의 세계 속에 갇혀 살고 있었습니다. 하지만 사람들은 이에 대한 자각을 하지 못하지요.

그들은 자기 생각 속에서 도취되어 살고 있는 것입니다.

자기가 창조하고 만들어낸 생각을 자기라고 철저하게 믿으며.

오랜 명상과 탐구를 통해 나는 사람들이 그렇게도 자주 말하는 하나님이라든가 부처님이라는 개념적인 표현들의 이면에 숨어 있는 진짜 실존적인 진리와 대면했습니다.

그리고 활연히 깨어났습니다.

다른 말로 하자면 진짜 하나님 또는 부처님과 만났다고나 할까요?

그래서 나는 지금 이 책을 쓰는 것입니다.

나같이 진리 앞에 오랜 시간을 방황하는 사람들이 이제는 더 이상 안 생기게 하기 위하여. 말과 생각 속에 푹 젖어서 도저히 그 밖에 있는 실존적인 진리를 자각하지 못한 채 적당히 타협한 채 살거나 인생을 낭비하는 사람들을 위하여. 그리고 그들이 이 문제를 보다 더 빨리 해결하고 그들의 삶을 보다 더 가치 있고 아름답게 살아가게 하기 위하여.

내가 깨달은바 핵심은 우리 모두가 지금 몽땅 환상과 이야기 속에 갇혀 있다는 것입니다.

바로 우리 자신들이 만든 수많은 이야기의 덫 속에. 그리고 그 이야기들이 지금은 우리의 현실이자 삶이란 이름으로 오히려 우리를 깨어나지 못하게 붙잡고 계속하여 꿈꾸게 하며, 깨어나지 못하게 하고 있습니다. 우리는 마치 매트릭스(matrix)라는 영화처럼 우리의 〈존재방식〉 속에 갇혀 있는 것입니다.

그렇습니다.

우리는 어려서부터 교육받은 대로 일정한 존재방식으로만 존재하고 있습니다. 그러면서도 아직 그것을 눈치 채지 못하고 있습니다. 우리는 아직도 교육받은 개념들과 감정들로 이루어진 뻔한 상념의 바다 속에서 헤매고 있습니다. 지루하고 권태로운 과거의 존재방식만을 되풀이하여 돌리며 맛보고 있는 것입니다.

이 존재방식이란 바로 생각, 감각(느낌), 감정, 관계, 시간, 공간에 대한 인식입니다.

나는 이것을 일반적인 인간들이 존재하는 영역, 즉, 〈식스존〉이라고 부릅니다. 우리는 이 속에서 특히 생각이란 놈에게 엄청나게 붙잡혀 있습니다.

우리가 하는 모든 생각.

우리가 소중히 여기는 모든 가치관.

세상의 모든 소중한 이야기들.

이 모든 것은 다 환상이며 꿈입니다.

우리가 만들어낸 자기최면이며 이야기들인 것입니다.

세상은 다 우리가 만들어낸 이야기 속에 들어 있습니다.

우리가 만들어낸 이 모든 문화, 종교, 진리, 상식, 법률, 도덕들이 다 환상이라면 당신은 믿겠습니까?

그러나 진실이 그러합니다. 그뿐만이 아닙니다. 심지어는 우리조차도 환상이며 꿈속의 존재들입니다. 아인슈타인이 〈우주는 우리가 도저히 알 수가 없는 진리인데, 그 이유는 그것을 탐구하는 우리 자체가 우주의 본질을 들여다 볼 수 없는 우주의 한 현상인 의식 속의 꿈같은 존재이기 때문이다〉라고 말했는데, 나는 이에 전적으로 공감합니다.

하지만 우리가 진정으로 참다운 진리에 대해 깨어나는 길은 의외로 쉬운 데 있습니다.

그것은 다만 우리가 누구인가에 대한 우리의 〈관점〉만 바꾸면 되는 것입니다. 다만 관점 하나만 바꾸면 모든 것이 다 변하며 새롭게 변모합니다. 왜냐하면 우리는 모두 다만 〈내가 이 몸으로 태어나 이 몸으로서 여기 있다〉라는 한 가지 관점 속에서만 살아오도록 교육받고 강요당했기 때문입니다. 그 관점이란 바로 〈나는 세상과는 따로 이 몸속에 존재하고 있다〉는 것입니다.

하지만 진짜 우리는 아무도 따로 이 우주와 분리되어 홀로 존재하고 있지 않습니다. 사실은 이 우주자연 속 대생명과 분리되어 개체적으로 독립해 존재하는 이는 없습니다. 그대는 자기가 먹은 밥을 자기가 소화시키며 자기 심장을 자기가 뛰게 하여 몸 전체에 피를 스스로 돌리나요?

아닙니다. 모든 것은 이미 우리와 하나로서 분리할 수 없는 자연의 섭리가 알아서 다 해줍니다. 그러나 우리는 모든 것에 개별적 이름을 붙이고는 마치 서로가 영원히 따로따로인 양 그 환상 안에 들어앉아 있는 것입니다. 그러고는 마치 우리가 전혀 별개인 양 서로에게 이름을 붙이고는 수많은 〈아무개의 일생〉이라는 환상 속 동화이야기를 창조했습니다.

이것이 우리가 평생 하는 짓입니다.

진짜는 우리라는 개체의 인격성은 〈본래 없으며 다만 살아오면서 창조되고 만들어진 것〉입니다. 우리의 놀라운 능력인 생각에 의해서, 우리의 생각으로 이루어진 이야기 속에.

나는 우리가 만든 〈삶 이야기〉, 그 허구성의 본질을 꿰뚫어보았습니다.

우리는 본래 따로 〈없는 것〉을 가지고 〈있다고 주장〉하고 있는 것입니다.

우리는 단지 언어와 생각으로 〈나〉와 〈나의 삶〉이라는 이야기 속에 빠져든 것입니다.

있다, 없다라는 게 무엇인가요?

바로 우리의 생각이 만든 개념적인 표현 아닌가요?

우리는 사실은 그래서 있다, 없다라는 표현 이전에서 있다, 없다를 만드는 창조적 존재가 아니던가요?

그런데 우리는 개체의 내가 실제로 〈있다〉라는 생각을 선택하고 한쪽에 치우쳐 교육받고 살아오면서 우리의 언어적 능력에 스스로 속아 넘어간 것입니다.

우리는 지금 이렇게 〈한시적으로 있다〉고!

바로 이렇기에 우리는 덧없이 죽을 수밖에 없다는 착각에 빠지게 되었으며, 모두 다 무명중생이자 원죄를 가진 죄인이라는 주홍글씨마저 스스로 만들어 가지게 되었습니다.

내가 이것을 깨달았을 때, 내 속에서 내가 그동안 알아오던 〈나〉라는 존재가 비로소 버려졌습니다. 아니 내가 실상에 대해 눈을 뜨자 그것이 저절로 꿈처럼, 신기루처럼 사라져버렸다고 해야 옳을 것입니다. 그리고 그 대신 내 안에 너무나 엄청나고 위대한 존재가 들어왔습니다.

그것은 바로 이 세상 우주 자체이며 모든 존재들이었습니다. 이것은 내게는 놀랍고 획기적인 발견이었습니다. 그리고 우리 모두가 저지른 커다란 착오를 시정하는 큰 사건이었습니다.

저는 세상의 모든 개념과 생각으로부터 벗어났습니다.
그리하여 나의 삶은 완전히 변했습니다.
이제 세상의 모든 삶에 관한 이야기들은 나에겐 더 이상 진실로 통하지 않습니다.
기존의 모든 종교들 역시 그러합니다. 그것들은 다 꾸며진 이야기들일 뿐입니다. 듣기 좋고 감동적인 설화이며 동화입니다. 당신이 종교인이라면 지금 아마도 이러한 나의 이야기를 듣기가 거북할 수도 있을 것입니다. 충분히 이해합니다. 저 역시도 한때는 그러한 과정을 겪었기 때문에. 하지만 그렇게 사는 게 좋다면 그렇게 사십시오.

위와 같은 판단이 섰다면, 더 이상 이 책 같이 이상한(?) 이야기를 하는 글을 안 읽어도 좋습니다. 하지만 나는 매일같이 개념과 생각 속에서 무언가를 밖으로 구걸하거나 찾는…… 그런 삶을 되풀이하며, 그것만으로도 감지덕지하며 행복해하는 당신에게, 나는 당신이 바로 무한한 이 우주의 최고 가는 하나님, 부처님과 분리할 수 없는 위대한 존재라는 것을 가르쳐주려는 것입니다.
지금의 당신은 놀랍게도 바로 당신의 생각에 의해 창조된 보잘것없는 피조물임을 가르쳐주려는 것입니다. 따라서 그대가 참으로 끝까지 무엇이 참 진리인지를 알고 싶다면 이 책을 끝까지 읽어보시길 바랍니다.

그대가 생각하는 진리란 무엇인가요?

대부분의 사람들은 위대한 종교들의 경전을 들이대지만, 그들이 권위를 인정받는 근거란 결국은 당신들의 교육받은 생각이며 당신들의 합의가 아니던가요?

수많은 사람들이 합의했다고, 그 자리에서 진리를 만들고 인정할 수 있을까요?

다수결이 진리인가요?

아니면 오랜 옛날 옛적에 누군가가 병자를 낫게 하는 신통력을 부렸다는 이야기가 있기에 진리인가요?

진리는 무당이 하듯이 그런 신통력에나 의지해야만 권위를 인정받는 그런 것이던가요?

당신은 〈무엇이 진짜 진리인가〉에 대해 단 한 번만이라도, 아니 한 시간만이라도, 아니 인생을 걸고 깊이깊이 심사숙고해보기나 했나요.

이제 나는 겉으로는 과거의 그 사람이나 속으로는 완전히 다른 존재가 되었습니다. 나는 존재하는 모든 것 자체이며 온 우주이며 모든 섭리이며 모든 것을 다 살리고 품는 큰사랑이며 자비이자 동시에 이 모든 것들을 다 뛰어넘는 자유입니다. 물론 모든 사람들은 내가 무어라고 말한들 이 육체에 이름 붙여진 개념을 나라고 볼 것입니다.

그러나 나는 다만 이제 이 육체 속의 내 삶을 충실하게 연기할 뿐입니다. 마치 훌륭한 배우가 그의 배역을 훌륭하게 연기하듯이. 그렇지만 겉으로 사람들에게 보이는 내 삶이 어떠하든지 간에 나는 이제 내가 누구인지 확실하고도 명료하게 알게 되었습니다. 나는 이 우주 속에 구석구석 두루 존재하는 영원한 대우주의 위대한 대생명이라는 것을.

그리고 이 위대한 대생명은 항상 지금 여기(NOW)에 눈부시게 나타나 있습니다. 다만 우리가 그것을 보고 듣고 느끼지 못할 뿐입니다. 나는 이것이 진정한 진리이며 하나님이며 부처님임을 체험했습니다. 그래서 나는 이것을 그대와 함께 나누기 위하여 이 글을 쓰는 것입니다. 실존적으로는 분명히 나와 둘이 아닌 당신을 깨워내기 위하여.

이 글을 읽으면서, 나는 진심으로 당신의 영혼이 기존의 개념과 생각에서 벗어나 깨어나길 간절히 바랍니다.

나는 당신이 세상이 만든 숱한 이야기와 감각과 감정 등으로 이루어진 저 낡고도 어두운 여섯 가지 존재방식(나는 이것을 Six Zone이라고 이름 붙였습니다)의 흙더미 속에서 벗어나길 진정으로 바랍니다.

나는 진심으로 당신이 내 말의 핵심을 깨우쳐 알고 크게 웃으며 환희하기를 바랍니다. 그리고 이 세상에 있는 모든 경전들이란 당신을 바로 이 상태로 이끌기 위한 다양한 수준의 교과서나 참고서일 뿐 그 이상도 이하도 아니라고 보다 더 넓고 융통성 있게 생각해주기 바랍니다. 이 책 역시 그러한 목표를 위해 쓰여진 하나의 참고서입니다.

이제 나는 스스로 말할 수 있습니다.
그리고 스스로 선언합니다.
나는 불멸의 존재라고.

나는 영원한 대생명, 그 자체라고.
　나는 진정한 참나와 그리스도 정신을 찾았으며, 모든 문명이 추구해 온 깨달음이 뜻하는 진리의 본체를 만났다고. 그러한 나는 무한한 사랑이며 평화이며 끝없는 행복이자 이 모든 것들의 근원 그 자체입니다. 그리고 나는 내 방식으로 찾은 이 진리를 이 책을 통해 그대와 나누고 교감하고 싶은 것입니다.

　끝으로 헤르만 헤세가 『데미안』에서 했던 이 말로 나의 간추린 삶을 대신하고자 합니다.
　"새는 알을 깨고 나온다.
　알은 하나의 세계이다.
　고로 태어나려는 자는 반드시 하나의 세계를 파괴해야만 한다."
　스스로 자유롭기 위하여, 새롭게 창공을 날갯짓하는 새로 태어나기 위해 이 책을 선택한 당신의 용기와 정신을 진심으로 찬양하면서!

나의 뜨거운 가슴 같은 여름날에
김연수

머리말

| 제 1 장 |

나는 무엇인가

chapter.01

우리는 꿈꾸고 있다

우리의 진짜 모습은 무엇이며,
우리는 서로에게 과연 무엇인가

우리는 누구나 진정한 자기(참나)를 알기 원하지요.
하지만 이렇게 명백하고 리얼한 현실 속의 내가 꿈이라는 말은 도저히 납득하기 어렵습니다. 왜 그렇다는 것인지 그 이유를 한번 쉽게 설명해주시길 바랍니다.

몇 년 전에 병원에 입원해 계시던 어머니가 퇴행성치매에 걸리셨습니다. 치매에 걸리기 전엔 그렇게 유머도 많으시고 화투도 잘 치시던 마음씨 좋은 할머니였는데, 일단 치매가 시작되자 당신은 스스로가 누구인지를 잊어버리셨습니다.
저는 참 가슴이 아팠습니다.

젊어서 혼자되어 자식들을 키우느라 그렇게 고생했는데 이제 좀 호강할 때가 되니까 몸과 마음에 한 번에 문제가 생긴 것입니다.

당신 스스로의 이름이나 고향을 잊어버림은 물론 자식이 당신에게 와도 누군지를 모릅니다.

또 당신은 몇 년 전에 기독교로 개종했는데, 이제는 자기가 누군지도 모르니 그 좋던 신앙이 다 어디로 갔는지 아무도 모르는 상태가 되어버렸습니다.

한마디로 저희 어머니는 몸이 죽기 전에 그분의 개체인격성이 먼저 소멸한 것입니다. 현대의학에서는 이것을 치매라는 병의 일종으로 봅니다. 하지만 그것은 우리가 그런 증세를 가진 분과 더불어 사는 게 불편해지니까 그렇게 병이라고 이름 지어 부르는 것일 뿐, 사실 이것은 생명이 태어나기 이전 본래 모습대로 돌아간 상태라고 저는 생각합니다.

왜냐하면 갓난아이들도 자기가 누군지 모르는 동일한 상태에 있지만 우리는 그것을 병이라고 부르지는 않거든요. 즉, 우리는 이렇게 우리가 편한 대로 우리 삶에 맞추어 모든 것을 이름 짓고 정의하며 사는 것입니다. 저는 어머님의 치매를 접하면서 처음엔 많이 슬퍼했지만, 가만히 보니까 이것이 태어나기 이전의 원래대로 돌아간 상태라고 본다면 그리 슬퍼할 것만도 아니라는 생각이 들더군요.

그래서 요즘은 어머니를 대하면서 어린아이를 대하듯 그렇게 새롭게 다시 우리의 관계를 만들고 가르치는 기분으로 만나고 있습니다.

그러면서 이런 생각이 들더군요.

우리 모두는 이 삶 속에서 꿈을 꾸고 있다고.

왜 꿈이냐고요? 우리가 살아오면서 배우고 익힌 생각과 기억으로 우리는 '이것은 사람이며 누구다' 혹은 '저것은 사물이며 무엇이다'라는 개념적인 단어 정보만 잔뜩 쌓아올려 지니다가 문득 늙어서는 그것들을 하나둘씩 망각하면서, 이윽고 죽으면 그러한 세계로부터 분리되어 떨어져나가는 것이기 때문이지요.

우리는 살아오면서 너무나 많은 허상을 만들어 가집니다.

예로서 돈을 들어보지요.

돈이란 게 뭘까요?

그것은 우리끼리 약속한 하나의 가치에 대한 개념(concept)입니다. 사람들은 평생을 돈, 돈 하며 살지만 바로 그 돈이란 것이 우리가 서로 약속한 하나의 〈생각〉에 불과한 허상의 존재이지 우주적으로 실재하는 실상적인 존재가 아니란 말입니다. 법이 그렇고, 도덕이 그렇고, 정부조차도 그러합니다. 모두가 다 진짜로는 실재하는 것이 아닙니다. 다만 우리가 그렇게 인정하기로 약속한 개념들이지요.

마찬가지로 우리 역시 서로가 서로에게 그러한 존재들에 불과합니다. 우리는 그 누구도 서로 상대의 진면목을 모릅니다. 그저 우리는 서로 간에 편리하게 이름을 지어 부르며 서로 간에 어떤 특정한 역할이나 관계를 가진 존재로 〈인정하기로 약속한 것〉뿐입니다. 우리는 이렇게 서로가 서로에게 혹은 세상의 모든 사물에게 이름표를 붙여 그 약속과 인정함 속에서만 편리하게 살고 있을 뿐입니다.

우리는 서로가 진정으로는 자기가 누군지도 모르며, 상대도 그 진정한 본래 모습이 무엇인지도 모르고 있습니다. 우리는 수많은 사람들을 만나고 그들을 그 이름만으로 기억합니다. 그 이름에 그에 대한 순간적이고 일시적인 정보들을 연결시켜 기억하고 평가할 따름입니다.

그래서 우리는 이제 상대를 먼저 있는 그대로 아는 게 아니라 우리가 해석한 이야기와 정보들을 상대에 관한 이름에 갖다 붙여놓고 그것을 상대라고 단정하고 있습니다.

우리는 이렇게 그저 수많은 이름과 개념 속에서 자기 관점이 만든 세상에 대한 상념 속에 살고 있을 뿐입니다. 당신은 자신이 가족과 친구들 속에 둘러싸여 살고 있다고 생각하시겠지만, 실상은 당신은 자기가 그렇게 이름 붙이고 만든 상념 세계 속에 들어앉아 사는 것입니다. 당신은 단 한 번도 그들의 진면목을 똑바로 통찰하여 바라본 적이 없습니다.

자, 이제 제가 우리가 꿈속에서 꿈꾸며 살고 있다고 말한 이유를 아시겠습니까?

우리는 우리를 〈인간〉이라고 표현하고 원죄와 무명을 가진 문제 있는 존재라고 정의한 생각으로 우리를 이해하고 있습니다만, 과연 우주적으로 이렇게 〈문제 있는 인간〉이라는 존재가 실제로 존재하는 것일까요?

그리고 우리의 이러한 우리에 대한 이야기와 해석이 과연 반드시 옳은 것일까요?

우리는 우리가 문제 있다고 정의함으로써 오히려 우리가 만든 이야기 속에 갇힌 존재가 된 것은 아닐까요?

우리는 우주적으로 너무나도 신비하고 불가사의한 존재인 우리를 너무나 값싸게도 스스로 심판하고 정죄한 후 우리의 개념세계 속에서 한계 많고 문제 많은 죄인과 중생으로 만들어버린 것은 아닐까요?

이제 이 모든 생각들이 갑자기 일시에 다 꿈처럼 사라지고 우리가 만약 이 모든 이름과 개념의 허상 속에서 갑자기 깨어난다면 어떻게 될까요?

우리가 모두 다 우리가 알던 생각 세계 속에서 놓여나 있는 그대로의 우리 자신의 진면목을 직시하게 된다면 대체 당신에게 무슨 일이 일어날까요?

제가 어머니라고 여기던 분이 돌연 치매에 걸리시더니 분명히 살아 계신데도 불구하고 우리가 더불어 창조한 이 지구상의 한 사회를 떠나 그 이전의 존재로 변하여 우주적 존재로 변하고 그렇게 존재하고 계십니다.

우리는 그분이 병에 걸렸다고 간주하지만 그것은 우리가 가진 관점에 불과할 뿐, 사실은 그분은 여태까지 가지고 살아오던 생각들을 모두 다 지워버리고 태어났을 때 바로 그때 본래의 상태로 회귀하신 것뿐이란 생각이 제게는 강렬하게 듭니다. 그래서 진정 꿈을 깨신 분은 바로 그분이 아닌가 생각도 해봅니다.

우리 모두가 너무나 당연하게 받아들이고 일생 동안 가지고 살아왔던 환상. 나는 누구라는 역할을 하고 너는 누구라는 역할을 하기로 하자는 이 관계 속의 약속들.

우리 모두가 생각 속에서 너무나 당연하게 받아들이고 그 안에 마취되어 꾸는 꿈. 이런 꿈같은 것들이 과연 우리의 삶 속 다른 측면엔들 존재하지 않는다고 자신할 수 있을까요.

제가 이 책에서 앞으로 말하려는 것이 바로 이것입니다.

우리 모두가 꾸는 꿈에서 깨어난다면 과연 어떤 세상이 벌어질 것인가. 그렇게 깨어날 때 우리의 진짜 모습은 과연 무엇이며 서로에게 어떻게 보이게 될 것인가?

이것이 바로 이 책에서 다루고자 하는 영역입니다.

chapter.02

만들어진 이야기

우리는 우리 생각이 만든 상상을 실제라고 여기고 있다.
우리는 스스로 산다고 생각하기에
언젠가는 죽는다라는 상상의 세계 속에 빠진 것이다.

무슨 말인지는 알겠습니다.

우리가 만든 모든 관계라는 것들이 사실은 단지 서로가 동의한 약속일뿐이라는 것이지요. 그렇지만 우리가 이 세상을 살려면 어떤 관계 속에서 다양한 이름과 개념을 전혀 만들지 않을 수도 없지 않습니까?

살아가기 위해서는 불가피한 일을 가지고 우리가 그 속에 갇혔다고까지 말하는 것은 조금 논리비약이 아닐까요?

아니요.

당신은 아직 제 말을 진정으로는 이해하지 못했습니다. 조금만 더 깊이 생각해주기 바랍니다. 저는 개념과 이름을 만드는 것을 탓하는 게 아닙니다. 문제는 우리가 생각하는 능력을 가지고 언어를 발명하고 개념과 이름을 만든 후에 일어난 착각입니다.

제 말은 우리가 만든 게 문제가 아니라 만든 실제가 아닌 것들 속에 너무나 깊숙이 빠져버렸다는 데 있습니다.

예컨대 제가 지금 책상을 막대기로 두드린다고 합시다.
그러면 "탁! 탁!" 하고 소리가 나겠지요.
자, 이 소리는 과연 누가 내는 소리이고, 누가 듣는 소리일까요?
답변해보십시오.

그거야 당신이 내고 우리가 듣는 거지요.
너무나 당연하지 않은가요?

아닙니다.
바로 여기에 심오한 비밀이 숨어 있습니다.
제 얘기를 한번 끝까지 잘 들어주시길 바랍니다.
이 소리는 과연 어떻게 일어날까요?

당신은 방금 전 내가 이 소릴 내고 우리가 듣는다고 대답하였습니다. 하지만 사실은 내가 이 소리를 내는 게 아니라 나를 포함한 이 우주 전체가 이 소리를 내는 것입니다. 왜냐하면 이 소리가 이대로 나는 것은 먼저 내 신체활동에 의한 움직임 외에도, 이 책상과 막대기가 서로 부딪혔기 때문이며, 또한 공기가 이 소리의 공명현상을 그대로 전달해 우리의 신체기관에 전달해주기 때문이기도 합니다.

하나의 소리를 내는 데도 이렇게 전우주적인 움직임과 협력이 필요합니다. 진실을 알고 보면 이렇게 소리 하나가 나는데도 우리가 아는 것과 진실은 다른 것입니다.

그러니까 진짜 정확한 대답은 나를 포함한 이 우주자연 전체가 바로 이 소리를 내는 것입니다. 듣는 것 또한 마찬가지입니다. 하지만 우리는 항상 바로 지금 당신처럼 〈누가 이 소리를 내는가?〉라고만 생각하는 방식으로 이 세상을 분별하여 모든 것을 우리 중심으로 하여 진실을 우리가 아는 이야기로 만들면서 모든 것을 개념 속으로 몰아넣으며 살고 있습니다.

우리는 이렇게 우리의 삶 속에서 항상 실상보다는 만들어진 개념인 허상의 것, 즉 이름과 개념들에 더 관심이 많습니다. 왜냐하면 우리는 태어나자마자 여태까지 그렇게 우리가 이 전체 자연현상과 따로 분리하여 〈있는 것처럼〉 이야기를 만드는 것을 교육받고 살아왔기 때문입니다.

우리는 치매에 걸린 제 어머니처럼 본래 태어날 땐 아무런 특성이 없었습니다. 치매에 걸린 우리 어머니는 그냥 수많이 존재하는 하나의 평균적인 생명현상일 뿐입니다. 실상적으로는 당신도 그렇고 나 또한 그 속에서는 대동소이한 같은 생명현상들일 뿐입니다.

하지만 우리가 만든 관계와 사회 속에서는 이 모든 것을 정리할 필요가 있기에 각자에게 이름과 모든 현상에게는 꼬리표가 필요하며, 그래서 만들어진 허상 속에서 당신은 당신의 이름을 가진 당신이고, 나는 내 이름으로 표상되는 복잡한 관계 속 존재일 뿐이며, 우리 어머니는 당신 스스로는 모르는 그러나 우리에 의해 이름 붙여진 치매병자로 분류되는 존재입니다.

이것이 오늘날 이 사회를 사는 우리가 분별하도록 교육받고 사는 정신적 활동의 배경입니다. 하지만 제가 말하고자 하는 것은 바로 이러한 분별이 다 〈만들어진 이야기(written story)〉라는 것입니다.

당신은 당신이 산다고 생각합니다.
하지만 당신이 생각하는 당신이란 무엇입니까?
그것은 겨우 당신의 생각 속에 존재하는 하나의 개념적인 이름이며 그에 부수된 일련의 기억과 상념들에 불과합니다. 당신은 가끔 당신의 몸을 만지며 그 감각은 리얼하다고 여기며 그래서 〈내가 산다〉고 착각합니다.
하지만 과연 그럴까요?

성경 말씀대로 당신이 염려하여 당신의 사는 날을 하루라도 늘릴 수 있거나 줄일 수 있습니까? 당신의 심장을 지금 당신이 뛰게 하며 아침에 식사한 것을 당신이 자기의 의지로 지금 소화시키고 있습니까? 아닙니다. 당신은 다만 〈내가 산다〉고 생각할 뿐이지, 진짜는 전체우주자연의 섭리가 당신이라는 생명현상을 있게 하는 것입니다.

그러므로 더 정확하게 말하자면, 당신이 사는 것이 아니라 〈전체우주현상이 여기 이 몸에 나타나 산다〉입니다. 그렇지만 당신은 항상 〈내가 산다〉라고 착각하고 있습니다. 하지만 〈내가 산다〉고 여기니까 〈내가 죽는다〉도 덩달아 생겨나게 됩니다.
 그러므로 우리는 사실은 영원불멸의 존재임에도 불구하고 이렇게 해서 죽음이란 생각 안에 갇혀버리게 된 것입니다. 우리는 이렇게 이 몸을 중심으로 〈내가 있다〉라는 기초적인 생각을 한 후 그 다음에 응용된 생각들을 전개하고 있습니다.

이것이 여태까지 우리가 교육받고 철저하게 그렇게만 여기며 살아온 우리의 삶입니다. 이것이 필요상 이렇게 되었다는 것에 저도 동의합니다. 하지만 이것은 우리를 미망에 빠트린 거대한 착각의 씨앗이자 원인이 되었습니다. 실상은 어느 누구도 홀로 있거나 따로 존재하며 분리되어 있지 않습니다.
 문제는 우리가 편리하게 약속한 개념이나 이름들을 만들어 쓰다 보니 너무나 그것에 심취하여 그것만이 진실인 듯한 이야기(착각) 속에 빠져버렸다는 것입니다. 하지만 이 모든 것이 다 우리가 공동으로 생각하는 이야기에 불과합니다.

우리의 세상은 바로 우리의 생각 세계 속에 환상적으로만 존재합니다. 그리고 우리의 사회란 실상과는 전혀 상관없이 우리가 해석하는 방향으로 흘러가고 있습니다.

자, 이제 제가 지금 우리가 거대한 꿈을 꾸고 있다는 말의 핵심을 이해하시겠습니까?

우리의 삶은 이와 같이 만들어졌습니다. 그리고 세상은 지금 온통 우리가 만든 이야기로 꽉 차 있습니다. 인류의 역사라는 것 역시 우리가 만든 이름과 사건들에 대한 해석의 이야기들일 따름입니다.

이제 우리의 삶이란 온통 우리가 꾸고 있는 꿈 얘기라는 본질이 이해되십니까?

우리 모두는 서로가 의사소통의 필요성에 의해 만든 개념과 생각에 너무 몰두하다 보니 이제 있는 그대로의 진실을 잃어버린 채, 우리가 만든 개념과 해석의 이야기 세계 속에 들어가 최면에 걸린 후 다시는 되돌아 나올 수 없는 덫 속에 갇혀버리고 말았습니다.

chapter.03

나는 무엇인가

우리는 언어를 가지고 생각 속에서 자기를 창조하고 경험한다.
우리는 우리가 생각한 그만큼만 자기를 한정하고 경험하기에
그 밖의 자기를 아직 모르고 있다.

좀 혼란스럽지만 당신의 말이 가슴에 와 닿습니다.
사실 전 그렇게 개념과 이름 속에서 세상을 살아왔지요.
그렇다면 당신이 말하고자 하는 이 〈나〉란 대체 무엇이란 말입니까? 이름과 개념 이전에 존재하는 이 〈나〉에 대해 당신은 진실을 똑바로 말해줄 수 있나요?

진리탐구에 있어 혼란스럽다는 것은 좋은 것입니다.
그것은 던져진 삶 속에서 부모 세대에 의해 일방적으로 세뇌된 우리가 이제 막 독자적으로 생각하기 시작하며 깨어나려 한다는 신호니까요. 그렇지만 당신을 차근차근 이끌기 위해 저는 신중하고도 차

분하게 이야기를 전개하려 합니다. 진리에 대한 이야기는 어렵지는 않지만 충분한 주의집중을 필요로 하니까요.

자, 먼저 당신이 주신 질문에 제가 답을 해보도록 합시다.

(질문) 나는 무엇인가?
(답) 나는 내가 나라고 인정한 것이다.

어떻습니까?
놀랍지요?
당신은 여태까지 자기 이름이나 개성이나 고향이나 학력이나 기타 자기에 대한 기억과 정보들을 자기라고 여겨왔습니다. 그것이 바로 실존적인 당신이 아닌 당신 생각과 이야기 속의 나인 것입니다.
실존(실상) 속의 당신은 지금도 자꾸 변하고 있습니다.
이런 상상을 해서 죄송합니다만, 만약 당신이 내주에 교통사고가 나서 한쪽 다리를 잃는다고 칩시다. 그러면 그 다음부터 당신은 〈한쪽 다리가 없는 아무개 씨〉가 될 것입니다. 또는 당신이 지금은 결혼했는데 만약 어떤 일로 이혼을 하게 된다고 합시다. 그러면 그 이후에 당신은 더 이상 〈아무개 씨와 부부인 당신〉은 아니게 될 것입니다. 이렇게 우리는 본질적으로 정해진 바가 없이 자꾸만 변해가는 존재입니다.

그렇다면 당신의 본질은 과연 누구이며 대체 무엇일까요?

정해져 있지 않으며 자꾸 변해가는 당신. 이것을 허무하다고 볼 게 아니라 오히려 무한하다고 한번 봐보세요.

관점을 새롭게 해서 바라보세요.

진정한 당신은 고정되어 있지 않은데, 다만 당신이 가진 당신에 대한 생각 속 정보만이 고정되어 있습니다.

진정한 당신은 당신이 〈나〉라고 생각하는 자기를 끊임없이 창조해냅니다. 당신이 무엇을 원하고, 그리고 진정으로 그것을 실현하기 위해 자기의 모든 것을 다 던져 노력할 때 그것은 반드시 실현됩니다. 이미 이 세상에 살다 간 수많은 성공한 사람들이 한결같이 그것을 증명해주고 있지요.

"나는 꿈꾸고 노력하여 마침내 나의 꿈을 실현하였노라!"

이것이 바로 우리가 누구인가를 말해주는 진실이자 그 증거입니다. 우리는 이와 같은 본래적 창조자들입니다. 우리는 이렇게 그 어떤 말로도 정의할 수 없지만 그러나 우리 자신조차도 만들어가는 무한한 미지의 위대한 존재입니다.

하지만 우리는 우리 자신의 본질과 정체성에 대해 그 얼마나 한심한 짓들을 저질러왔나요?

우리는 살아 있는 위대한 존재인 우리를 이름표(사실 이름이나 숫자나 실존하는 존재를 대신하여 부르는 기호라는 점에서 무엇이 다른가요) 안에 가두고 서로 비교하고 우리가 만든 기준으로 재면서 우리 자신들을 그 얼마나 저평가하고 정죄해왔습니까.

무엇을 모른다는 것은 아직 사실을 우리의 약속인 개념화·기호화로 변경하는 작업에 익숙하지 못하다는 이야기일 뿐이건만, 우리는 단지 우리끼리 약속한 세계 속에서 무엇을 아느냐 혹은 모르느냐의 기준만에 의해 우리 자신들을 그 얼마나 무능하다고 비판해왔나요.
  그렇게 무엇을 빨리 또는 많이 안다 해도 결국은 우리의 개념을 더 잘 다루고 이 세상 물질을 다루는 방법에 더 빨리 익숙해지는 것뿐이지, 인격이 더 훌륭하다거나 영성이 더 깊어지는 것도 아닌데 말입니다.

이제 우리는 그와 같았던 우리 자신에 대해 다른 관점을 가지고 이해하고 바라보아야 합니다. 우리는 과거 우리가 저질러온 우리 자신을 이해하는 방식에서 이제는 좀 벗어나야 합니다. 이것이 우리가 우리의 영원한 문제인 〈나〉를 더 잘 알게 되는 지름길이며 나아가 우리가 우리의 삶을 이런 기준 속에서 바꾸기 시작할 때 전체 인류가 진정으로 변화하는 길인 것입니다.

〈나〉는 누구이며 과연 무엇인가?

우리는 우리가 우리라고 정의한 바로 그 존재가 되는 것입니다. 우리는 과거에도 모든 분야에서 "이것은 가능하다"라고 우리가 정의하고 한계 지은 그 생각의 범위 바로 그만큼까지만 발전하고 눈을 떠왔습니다. 내가 살아온 〈나〉에 대해서도 이 경험법칙은 그대로 적용되고 있습니다. 단지 우리가 아직도 알아채지 못하고 있을 뿐입니다.

chapter.04

왜 세상은 이 모양인가

우리는 이미 신과 분리할 수 없는 하나이기에 우리가 하는 것은 곧 신이 하는 것이요, 우리가 이 모양으로 선택하고 살아왔기에 세상도 역시 똑같이 이 모양인 것이다.

놀라운 얘기군요.

그리고 이성적으로 공감이 가는 대단히 설득력 있고 합리적인 이야기입니다. 하지만 당신 말대로라면 우리가 본래 원죄를 가진 죄인이라는 성경 말씀이나 깨닫지 못한 무명업장을 지닌 중생이라는 불경 말씀조차도 다 우리가 만든 자기 한계에 지나지 않는다는 결론이 되는데, 이건 좀 지나치지 않나요?

먼저 분명히 해둘 것이 있습니다.

저는 절대로 기존 종교의 권위를 부정할 생각이 없으며 또 기독교나 불교 같은 큰 종교들 속에 진리가 존재하지 않는다는 얘기를 하자는 것도 아닙니다. 그들 종교는 분명히 여태까지 이 세상에서 아주 크고도 중요한 역할을 해왔으며 또한 앞으로도 그러할 것입니다.

하지만 기존 종교들이 그런 말을 해온 것은 다 우리를 무지에서 깨워내고 보다 더 나은 상태로 안내하기 위한 하나의 방편적 표현들임을 이제는 자각해야 합니다.
만약 당신 말대로 기존 종교 속에서 쓰는 말과 주장들이 절대적으로 다 옳다고 가정한다면, 이미 이 지구상에 오래전부터 많은 사람들이 이것이야말로 진리라고 믿고 따르던 기독교, 가톨릭, 불교, 이슬람, 힌두교 등 거대 종교들조차도 서로 교리가 많이 다르기 때문에 어느 하나만 옳고 다른 것들은 죄다 틀리게 되어버린다는 결론에 다다르게 됩니다.

당신이 진정 더 많은 사람들을 구원하기를 바라는 절대적인 사랑 그 자체인 신이라면 이렇게 혼란스럽고 다수가 구원받을 수 없는 분열적 상태를 그냥 방치하면서 보고만 있을 수 있다고 보십니까?
아마 제가 그런 신의 입장이라면 예수나 석가 같은 성자들을 끊임없이 벌써 인류에게 한 천 명쯤은 보냈어도 모자란다고 판단할 것입니다. 선각자를 한두 명 보내놓고서 그 다음엔 이제 내 할 일 다 했으니 전부의 깨어남이나 심판이 기다린다는 방식은 인류 전체를 구원하고 싶다는 크신 사랑과 의지를 가진 신이라면 너무 소극적이며 안이한 것이란 말이지요.

우리는 이제 깨어나야 합니다.

우리가 만들고 우리가 정의하며 살고 있는 지금 여기의 우리의 현실에 대해서. 신이 정말 있다면 왜 세상은 이 모양 이 꼴이냐고 사람들은 자주 푸념합니다.

하지만 바로 우리 안에 신은 분명히 계십니다.

그리고 우리가 바로 그의 뜻을 실현하는 창조의 머리이며 동시에 손과 발입니다. 그런데 우리가 여태껏 그와 우리는 분리되어 있다고 우리를 정죄하고, 우리는 그와 멀리 떨어져 있으며, 그에게서 떠나온 우리의 삶은 이제 아주 많이 잘못되어 있다고 선언함으로써, 세상은 우리가 그렇게 선언한 대로 이 모양으로 된 것입니다.

즉, 세상은 바로 우리가 생각하고 창조한 만큼만 우리에게 나타나 있는 것입니다. 신이 없는 게 아니라 우리는 신과 분리할 수 없는 하나인 우리 자신의 자유의지를 이렇게 못나게 창조하고 한계적으로 사용해온 것입니다. 그것도 바로 자기 종교단체의 집단을 더 확장하고 유지하려는 어리석고도 이기적인 발상에 의해서.

〈조건 없이 네 이웃을 사랑하라〉는 모든 종교적 최고의 명제를, 우리는 이기적으로 〈너는 우리 종교를 믿고 우리가 말하는 대로 따르느냐 아니냐(내 편이냐 아니냐)〉로 해석하고 한계 짓습니다.

즉, 사랑이라는 이타적 최고 명제가 '우리 편이냐 아니냐'의 이기적인 하위 명제에 의해 오히려 제한 당하는 것이 바로 욕심 많고 어리석은 우리가 지금 만들고 있는 현실입니다. 우리가 익히 알고 있는 자신이 믿는 종교(조건 없이 네 이웃을 사랑하라)가 자기 생명보다 상위 개념에 존재해 끊임없이 타 종교의 이교도에게 끔찍한 살생을 저질렀던 십자군의 백 년에 걸친 종교전쟁을 어떻게 받아들이고, 이해해야 할까요? 그토록 네 이웃을 사랑하라고 외쳤던 최고 명제의 본질은 어디에서 찾아야만 하나요?

그러니까 바로 세상이 이 꼴일 수밖에 없는 겁니다.
세상은 경전에 있는 대로 나타나는 것이 아닙니다.
우리가 행하는 대로 나타나고 이루어집니다.
우리가 해석하고 이해하는 대로 나타납니다.
그러므로 우리가 먼저 우리의 이러한 부족하고도 어리석은 〈존재방식〉에 대해 깨어나야 합니다. 세상은 신이 우리에게 맡겼으며, 우리는 우리의 자유의지에 의해 지금 이런 세상을 만들어가고 있습니다.

불교 역시 마찬가지입니다.
우리는 죄 많은 무명중생이라는 전제가 우리를 본래의 찬란한 본성자리 속에서 그 놀라운 능력을 이용하여 못난 무명중생이 되도록 만들었습니다. 그리하여 이제는 모든 사람 전체가 이것을 아주 당연한 절대 진리로 받아들이고 있는 실정입니다. 무명중생심에 대한 박사 논문만도 무수하게 많습니다. 이렇게 하여 오히려 우리의 세상은 무명중생 세계가 되어가고 있는 것입니다.

이제는 방편이 방편으로만 머물지 못하고 오히려 절대적인 진리로 둔갑하고 있습니다.

참으로 안타까운 일이지만, 왜 이러한 현상들이 일어날까요?

이 역시 최상의 가치인 진리 그 자체의 밝힘보다는 하위 개념인 조직의 유지·발전과 말씀이 더 중요했기 때문입니다. 우리는 이렇게 스스로 물질세계 속에서 이기적이고 나 중심적이며 자기 집단 위주로 생각하고 그런 이야기 속으로 빠져들기를 선택한 것입니다.

따라서 허상이 실상보다 더 중요해지고 방편이 진리보다 더 강하게 주장되는 근본에는 어리석음과 이기심에 의한 잘못된 말과 착각에 근거한 행동들이 있습니다.

결국은 모두 다 우리가 생각으로 창조하고 체험하는 것들입니다.

이것이 바로 세상이 지금 이 모양인 진짜 이유입니다.

chapter.05

모든 착각의 시작점

우리는 우리의 생각이란 놀라운 능력 속에 빠져버렸다.
그래서 이제 우리의 생각이 우리를 거꾸로 구속하고
지배하게 되었다.

이제 당신의 말을 알아듣겠습니다.

당신은 결국 신이나 진리가 아니라 바로 우리가 모든 것에 근본적인 책임이 있는 존재이며, 세상과 자신을 지금처럼 만든 책임이 있다는 말을 하고 있군요.

그렇다면 도대체 이 모든 문제와 잘못은 어디에서 어떻게 일어났나요?

이제 우리가 우리의 전체와 개체적인 삶을 바로잡고 진실에 깨어나려면 대체 무엇을 어떻게 해야 할까요.

예, 좋습니다.

제 말은 원죄라든가 무명중생심 바로 그런 이야기를 진실이라고 믿고 우리를 그런 관점에서 바라보며 이해하는 지금 우리의 생각이 오히려 원죄이며 무명중생심이 된다는 것입니다.

우리가 부족하며 문제가 있다는 〈생각〉, 바로 이것이 모든 문제의 시작점입니다.

우리 인류는 동물과는 달리 생각할 줄 아는 존재입니다.

바로 그 능력이 우리를 생각하게 만들었고, 그래서 우리는 언어를 만들게 되었고, 나아가 언어를 통해 개념을 만들게 되었으며, 그러한 개념들을 통해 우리가 만들어낸 이야기 속에 빠졌습니다.

우리가 가진 능력이자 우리가 동물과는 다른 독특한 우리만의 존재방식, 인류문명을 이렇게 멋지게 만든 우리의 생각하는 힘, 그 위대한 힘을 부정하자는 게 아닙니다. 하지만 바로 동시에 이것이 우리를 실상을 떠나 허상 속에 빠져들게 한 장본인입니다.

사람은 보통 일반적으로 생각, 감정, 감각(느낌), 관계, 시간, 공간 속에서만 자기의 존재성을 스스로 확인하고 느낄 수 있습니다. 그래서 저는 이 여섯 가지를 〈인간의 존재방식〉이라고 표현하며, 인간의 존재와 인식세계를 규정짓는 여섯 가지 존재영역, 즉, 식스존(Six Zone)이라고 표현합니다. 우리는 일상 속에서 보통 이 여섯 가지 존재방식으로 존재하며 자기를 인식합니다.

하지만 진정한 우리 자신은 이 여섯 가지 존재방식 이전에 이미 본래적이며 절대적으로 있는 그 무엇이란 말입니다. 사실 존재가 절대적이니까 있다, 없다라는 상대적인 생각분별의 존재방식 이전에 있습니다(이에 대해선 나중에 뒤에서 따로 설명합니다). 하지만 우리는 이것을 미처 알아차리지 못하고 있습니다.

왜냐하면 우리는 살아오면서 무의식적으로 우리의 여섯 가지 존재방식이 곧 나라고 여기도록 교육받으며 살아왔기 때문입니다.
우리는 때로는 생각이, 때로는 충동적인 감정이, 때로는 세밀한 느낌이나 끈질긴 인연 속에서 인간관계가 나라고 여겨왔습니다. 가족의 가장이기에 의무를 다해야 하며, 부모님의 의견이기에 나의 삶에 반영합니다. 또한 내 몸이 이렇게 있다고 전제하면서부터 동시에 따라 생겨난 시간이나 공간이 절대적인 존재의 배경이며 진리라고 여기면서 삶을 살고 있습니다.

하지만 생각은 내가 아니라 내가 일으킨 일시적인 의식의 작용에 불과합니다.
감정과 감각 역시 그러합니다.
관계 역시 내가 그렇게 중요하게 여기고 받아들인 것뿐입니다.
시공간이 상대적인 존재임은 이미 아인슈타인의 상대성원리에서 증명된 바가 있습니다. 즉, 우리가 일상 속에서 보통 나라고 여기는

여섯 가지 존재방식이 실상은 그 어느 것도 〈진짜 내가 아니란 것〉
입니다.

  이것이 모든 착각의 시작점입니다.
  이것이 우리 인류가 세대에서 세대를 거듭하며 다 같이 빠져든 거대한 착각의 근원입니다.
  우리가 몸만으로 된 존재라면 방금 죽은 자도 몸이 있으니 이 여섯 가지 활동을 해야 합니다.
  하지만 진정한 우리는 의식조차도 아닙니다.
  우리는 의식을 통해 몸과 마음을 자각하고 활동하는 존재이기에 의식은 단지 우리의 존재를 드러나게 하는 아주 고차적인 존재 본연의 능력이며, 또 하나의 존재 표현방식인 것입니다.

  그렇다면 의식 이전의 우리 존재는 과연 무엇일까요?
  눈을 감아서 몸이 안 보인다고 우리 몸이 없는 것이 아니듯이 의식하지 않는다고 우리라는 존재가 없는 것은 아닙니다. 진정한 참나는 이렇게 있고 없음을 넘어서 존재하고 있습니다. 저는 이 책을 통해 그것을 밝혀드리고자 하는 것입니다. 글과 개념이 아닌 그것을 최선을 다한 글을 통해 가리켜 보임으로써.

제1장
나는 무엇인가

명상하기

1. 치매에 걸려 스스로 누구인가를 망각한 사람은 스스로에게 대체 누구인가? 치매에 걸린 기독교인이나 불교인은 더 이상 그 종교인 인가 아닌가?

2. 사람은 아무것도 모른 채 태어나서 일생 동안 언어로 쌓아올리는 생각 속에 산다. 나의 구성요소는 〈나라는 생각〉과 〈나에 관한 생각〉 외에 달리 무엇이 또 있는가?

3. 갓난아이가 자라나 세상에 적응하면서 살아가려면 무엇이 필요한가?

4. 삶이 〈만들어진 이야기〉인 이유는 무엇인가?

5. 내가 아는 나는 누구이며, 실제로는 그 정체가 무엇인가?

6. 우리가 아는 이 세상이란 언어로 해석하지 않을 땐 어떤 세계가 되는가?

| 제 2 장 |
내 안에 갇힌 나

chapter.01

개념의 삶에서 깨어나라

우리는 언어로 내 생각을 삼고 다시 그 생각으로 나를 삼는다.
그래서 결국 나는 내가 익힌 과거의 언어적
경험세계를 넘어서지 못한다.
진정 깨어나고자 하는 자는 이런 과거의 자기 관점을 벗고
모든 것에 대해 열린, 새로운 전체적 관점을 가져야 한다.

사실 모든 종교가 깨어나라고 말하고 있지만 무엇을 어떻게 해야만 진정으로 깨어나는 것인지 잘 모르겠습니다. 여러 가지 수행법들도 다만 글로만 깨어나라고 쓰여 있어요.

진정 깨어남이란 것이 있다면 도대체 어떻게 해야 우리의 삶이 꿈이란 것을 깨닫고 깨어날 수 있습니까?

우리 삶이 꿈이란 말은 많이 보고 듣는 이야기입니다.
우리 스스로도 〈인생은 일장춘몽〉이라고 자주 말하지요. 그런데

어째서 무슨 이유로 우리의 삶이 꿈인 것일까요. 그 이유를 잘 알아야 우리가 꿈에서 깨어날 수가 있습니다.

그 이유는 바로 우리는 전부 다 우리가 만든 생각의 무더기들, 즉 이야기 속에 갇혀 있기 때문입니다.

자, 이 말에 집중해주기 바랍니다.

우리의 삶이 이야기일 뿐만이 아니라 더 나아가서는 우리 자체가 이야기 속 존재들입니다. 우리가 아는 우리란 다 이야기 속의 허구적 존재들인 것입니다. 이제 제가 그 이유를 한번 구체적으로 설명해보겠습니다.

우선 가장 먼저 우리가 알아야 할 것은 우리가 생각하는 나란 〈생각과 감각 영역〉 속의 존재라는 것입니다. 그것도 우리가 아는 과거의 생각과 감각(느낌) 영역 속에만 있는 존재이지요.

하지만 우리가 생각하지 않거나 감각하지 않을 때 우리가 알던 과거의 나는 그 순간 과거적 관점으로만 본다면 존재하지 않습니다. 하지만 여기에 과연 아무것도 없는 것일까요?

자, 이에 대해 한번 명상실습을 한 후 아래 대화를 살펴봅시다.

(잠시 무념 명상)

(질문) 당신이 방금 전 아무 생각도 하지 않거나 몸을 느끼지 않을 때, 과거에 알던 당신은 어디로 갔습니까?

(답변) 글쎄요…… 아무것도 없으니까, 내가 잠시 없었다고 해야 할지요.

(질문) 아닙니다. 당신이 알던 당신은 과거에 연결된 나이며, 당신이 생각하거나 느끼지 않을 때 당신은 바로 지금 여기, 즉 현재에 과거와는 분리된 채로 실존하는 것입니다.

(답변) 지금 아무것도 없었고 못 느꼈는데요? 무엇이 지금 여기에 실존적으로 있다는 거지요?

(질문) 당신이 아무것도 없다는 그것이 그 상태로 방금 전 여기에 있었지요. 아시겠습니까? 그 상태가 무엇인지 과거에 언어로 배운 적이 없었기 때문에(과거의 내가 알던 영역에 속하지 않았기 때문에) 아무것도 없었다고 당신은 말하고 있을 뿐입니다. 실제로는 그러한 미지의 당신이 텅 빈 상태(당신의 경험에 입각한 표현)로 지금도 존재하고 있습니다만, 당신은 그 상태가 자기의 과거에 입각한 경험상 모르는 상태였기에 단지 과거에 배운 언어로만 〈아무것도 없다〉라고 단정하는 것뿐입니다.

이렇게 우리가 배운 언어는 '있다, 없다' 밖에 모를 뿐 실존하는 나에 대해선 말할 수가 없습니다. 실존하는 나는 내가 '있다, 없다'라고 생각하기 이전의 차원에 스스로 존재하고 있습니다.

(답변) 음…… 재미있군요. 전혀 새로운 관점이 열리는 것 같습니다. 그러고 보니 참 있다, 없다라는 게 자기 경험상의 한계가 있는 말 같아요. 함부로 단정해서 사용할 수 있는 말도 아닌 듯하고요.

이 대화에서 보았듯이 우리는 우리가 아는 영역 밖으로 나갈 수가 없습니다. 우리는 우리가 배우고 생각하고 느끼고 관계 짓는 그런 경험적 영역 안에서만 언어 속에 갇혀 있거나 그 안에서만 존재합니다. 하지만 이 모든 것이 다 우리의 언어세계이며, 결국은 우리가 스스로 만든 개념세계인 것입니다.

인간은 언어 안에서만 이렇게 갇혀서 존재하며, 특별한 계기가 있어 깨어나지 못하는 한, 자기가 아는 그 언어 밖의 세계로 나갈 수가 없습니다.

(답변자) 하지만 느낌은 언어가 아니잖습니까? 우린 적어도 감각의 세계에서는 자유롭지 않나요?

그렇게 생각하실 수 있습니다.

하지만 그것은 당신이 선택하기에 달린 문제입니다. 당신이 깨어난 존재로서 매 순간 항상 지금 여기(NOW) 이 순간을 산다면 그 말이 맞습니다. 하지만 대다수의 사람들은 새로운 감각과 느낌조차도 과거에 자기가 아는 언어정보로 변환해서 맛보려 들며 저장하거나 기억하려 들지요. 그렇기에 그들은 자기가 창조하여 알고 있는 어둡고 우울한 자기과거로부터 완전히 자유로울 수가 없는 것입니다.

이것이 바로 제가 말하는 〈개념의 삶〉입니다.

우리는 우리가 과거에 배운 언어세계 안에 갇혀 있습니다. 우리는 우리가 만든 생각상자(think box) 안의 모르모트 실험쥐와 같습니다. 심지어는 당신이 생각하는 〈나〉란 것조차도 개념이며 그 역시 이러합니다. 당신은 당신 안에 갇혀서 그 상자 밖의 미지의 더 크고 위대한 나를 전혀 모르고 있습니다.

그렇기에 우리는 지금 스스로를 보잘 것 없고 문제 있는 존재라고 여기는 것입니다. 본래 당신은 무한하고 무슨 일을 창조할지 모르는 미지의 존재로 태어났지만 현대문명의 상대평가적 교육 속에서 스스로의 능력에 한계를 절감하도록 교육받음으로써 스스로 자기를 왜소하고 시시하다고 여기도록 변환되고 세뇌되었습니다.

위대한 우주 전체의 대생명에너지를 타고 태어난 자연 그대로의 그대는 이 작은 물질쟁탈 게임세계의 경쟁법칙을 배우기 위해 위대한 자아를 망각하게 된 채 언어세계 속에서 자기의 가치를 대폭적으로 용량 감소처리(convert)하게 되었습니다.

그대는 지속적인 교육과 충고 속에서 스스로 끊임없이 나는 너무나 왜소하며 문제가 많다고 여기도록 요구받아 왔습니다. 그 결과 그대는 항상 자기에게 불만족하도록 세뇌되었습니다. 이것이 바로 우리가 언어세계 속에 갇혀 빠져나오지 못한 채 불행해진 근본적인 원인입니다. 바로 우리가 물질적 삶의 편리성을 도모하기 위해 공통으로 만들어 쓰는, 실상과는 거리가 먼 이 무수한 언어 속의 개념들에 의해서 말입니다.

하지만 진정한 그대는 인류 역사 속의 위대한 인물들처럼 될 수 있습니다. 그대와 그들의 본질적인 차이란 없습니다. 단지 스스로 가진 생각세계 속에서 스스로를 어떻게 여기느냐 하는 관점의 차이를 빼고는.

그래서 우리가 이러한 개념적인 삶으로부터 〈깨어나는 법〉이란 별게 아닙니다.

이제 그 방법을 소개하겠습니다.

첫째는 일상 속에서 매 순간 우리가 쓰는 생각, 감정, 감각, 관계, 시공간의 식스존 영역 속 존재방식을 이제는 더 이상 나라고 여기지 않는 것입니다. 모든 언어는 우리가 그것에 그것을 나라고 인정하고 그에 상응하는 큰 에너지를 줄 때 비로소 내게 와서 내가 됩니다.

하지만 그것을 나라고 인정하지 않고 단지 그것은 틀릴 수도 있는 잠시 스쳐지나가는 생각이고 감각일 뿐이라고 그들의 존재가치를 평가절하(down-grade)할 때에는 그것들은 단지 그러한 일시적인 도구들에 불과하게 됩니다.

둘째는 세상을 바라보는 나의 관점을 내 개체관점에서 전체관점으로 바꾸는 것입니다.

전체관점이란 곧 무관점으로서 내 입장이 없다는 것이니 모든 것을 있는 그대로 그냥 받아들이고 바라보는 관점이지요. 카메라 앵글을 바꾸면 보이는 것이 달라지듯이 내 관점을 바꾸면 나타나는 세상도 바뀝니다. 동시에 세상을 대하고 표현하는 내 생각과 언어도 따라서 바뀝니다. 여태까지 나는 이 몸속에 들어앉아 있는 작고 보잘것없는 의식활동(이것을 개체마음이라 한다)으로서 조그만 이 몸 안에서 저 큰 세상을 바라다보았습니다.

하지만 이제부터는 나는 이 우주 전체를 꽉 채우고 있는 위대한 우주 전체 대생명의 의식(이것을 전체관점이라 합니다)으로서, 그 전체관점에서 과거의 나와 세상의 모든 존재들을 그냥 있는 그대로 바라보는 것입니다. 생각을 바꾸라는 게 아니라 자신을 원점에서부터 다시 새롭게 느끼고 자각해보라는 것입니다.

이것은 허상에 갇힌 나 자신을 해방하고 실상 속에서 재발견하는 방법이기도 합니다. 저는 이것을 우리도 모르는 사이에 작게 변환된 우리 존재의 본래적 에너지를 원상 복구시키는 평가절상(upgrade)의 비법이라고 봅니다.

이렇게 할 때 우리는 모든 일을 개체마음이 만들어내는 작은 개념들에서 벗어나 모든 것이 변화하며 끊임없이 변화해가는 세상을 거시적인 관점에서 〈있는 그대로〉 바라보며 아주 평화스럽게 받아들일 수 있게 됩니다.

우리가 이렇게 나의 과거 존재방식에 대해 깨어나고 충만한 의식 속에서 세상의 모든 것을 다 있는 그대로를 인정하는 전체관점을 갖고 살기 시작할 때 내가 살던 과거의 나를 둘러싼 나의 모든 삶은 홀연히 다 진실이 아닌 이야기로 바뀌고 맙니다.

내가 과거에 이렇다고 평가한 사람이 더 이상 그 사람이 아니게 보이며, 저렇다고 평가한 세상이 어디론가 사라지고 더 이상 그 세상이 남아 있지 않게 됩니다. 즉, 세상이 실재하는 게 아니라 **우리가 언어(과거에 배운)로서 생각하고 판단·해석했던 허상의 세계만이 우리에게 존재**했던 것입니다.

이렇게 세상과 내가 바뀌더라도 더욱더 한순간도 놓치지 않고 철저하게 그렇게 살도록 노력해서, 아침부터 저녁때에 이르기까지 개체의 생각과 상념에 끌려 다니던 내가 사라지면서, 무관점으로서 마치 거울처럼 나를 텅 비운 채 존재하게 되면 마침내 내 삶의 모든 게 다 언어이자 이야기로 보이기 시작할 것입니다. 그때 그대는 비로소 이 삶을 진짜로 지배하고 존재하게 하는 모든 것 이면의 온전한 실상을 보게 될 것입니다.

    이것이 나도 모르는 새에 우리를 지배하기 시작한 모든 개념에서 벗어나고 깨어나는 진실한 방법입니다.

chapter.02

모든 변화의 근원인 나

주변 상황이 나를 바꾸는 게 아니라 내가 대상을 어떻게 생각하고 무엇을 보느냐에 따라 보고 느끼는 세상이 달라지는 것이다.
그러므로 나의 일상 속의 밑을 흐르고 있는 기분과
행불행도 사실은 내 스스로 결정짓는 것이다.

그러니까 개념에서 깨어나는 방법이란 내 존재방식과 관점을 바꾸는 것이로군요. 그렇다면 기존 종교의 참회·회개나 마음닦기 수행법들과 비교해볼 때 무엇이 다르지요?
 그리고 내가 존재하는 방식이나 관점을 바꾼다 해서 이 문제 많고 무의미하며 살기 힘든 세상이 뭐 그렇게 획기적으로 달라질 가능성이 있을까요?

 부처 눈엔 부처가, 돼지 눈엔 돼지가 보인다는 말이 있습니다.
 보는 관점에 따라 보이고 나타나는 세상이 다르게 나타납니다. 천당과 지옥이 갈라지는 경계선이 어디인지 아십니까? 바로 이 세상을 바라보는 그대의 눈(보는 관점)으로부터 시작됩니다. 그러니 그렇게 또 자기가 아는 과거의 언어로서 쉽게 이 세상을 단정 짓지 말도록 합시다. 그래봐야 그런 과거에 내가 알던 진부한 그 세상 안에 다시 갇히게 되는 것은 당신뿐이라 결국은 당신 손해이니까요.

우리는 이렇게 언어가 부리는 마술 속에 갇혀 있습니다.
우리가 세상을 저주하고 불행하다 할 때, 세상은 우리에게 그렇게 지속적으로 나타나고 계속됩니다.
마음은 우리가 세상에 대해 무언가가 있다 하면 있고, 없다 하면 없어지게 만들어줍니다. 그러므로 여섯 가지 존재방식을 바꾸지 않으면 도저히 우리의 과거가 만든 인식세계로부터 벗어날 수가 없는 것입니다. 그렇기에 헌 존재방식으로는 아무리 수행하고 탐구하고 기도해도 헛수고가 됩니다. 성경에 나오는 〈새 술은 새 부대에 담으라〉는 말도 바로 이 뜻입니다.

기존 종교의 참회·회개도 그것을 한 결과 완전한 새사람이 되어야 제대로 참회·회개를 한 것이지요.
완전한 새사람이 되었다는 말이 무슨 뜻입니까?
그의 생각, 감정, 감각, 관계, 시공간 등이 과거와는 달리 새로워졌다는 말이니 바로 존재방식이 바뀌었다는 말입니다. 그렇지 않다면 과거의 존재방식이 그대로 그 사람 안에서 작동하는 한 그는 다시 과거의 그로 돌아갈 수밖에 없습니다.

마음닦기도 마찬가지입니다.
무엇이 마음닦기인가요?
마음이란 곧 우리의 살아온 삶이 우리에게 남긴 의식의 작동방식이며, 그 결과로 나타나는 정체성의 존재방식이 아니던가요? 그러니까 겉으로 보는 회개기도나 마음수행의 방법이 중요한 게 아니라 보다 더 근본적으로 어떤 사람의 정체성을 이루는 그의 존재방식(이것이 잠재의식의 자연스러운 표현입니다)이 바뀌느냐 아니냐가 더 본질적인 문제라는 것입니다.

한번 생각해봅시다.
우리가 바뀌면 세상도 바뀌며, 시간이 문제지 내 주변도 점차로 바뀝니다. 즉, 누구도 세상과 완전히 분리되어 혼자 있지 않으며 혼자서만 변화되지 않습니다. 그러므로 내가 적극적으로 내 주변 세상을 바꿀 때 비로소 나도 전혀 다른 분위기와 영향력을 가진 존재로 변화하는 것입니다. 이것이 깨어난 자들이 홀로 고요한 상태에만 머물지 않고 적극적으로 행동하는 근본적인 이유입니다.

내가 진정으로 행복하다면 내 주변 사람들도 행복해집니다.

빛이 가는 곳에 어둠이 물러나게 되는 것이 진리이기 때문입니다. 소금이 뿌려진 곳에 썩지 않는 현상이 생겨나는 것은 당연합니다. 머리로 수행하고 기도하는 사람은 결국 따르는 이들에게 복잡한 훈계와 이론만 가르칩니다. 가지고 나눌 게 그것밖에 없기 때문입니다.

하지만 진실로 깨어난 사람은 그 스스로가 진정한 변화의 에너지이기에 그 주변에 자꾸 깨어나고 밝은 사람을 만들 수밖에 없습니다. 이것이 콩 심은 데 콩 나고, 팥 심은 데 팥 나는 진리의 법칙입니다.

보통 사람은 자기 하나도 바꾸기 힘들어하지만 위대한 선각자들은 그 한 사람이 전체 사회나 한 나라를 통째로 바꿉니다. 간디가 그러했고, 만델라가 그러했지요.

그들의 그러한 힘은 어디서 나오는 것일까요?

그들은 자기가 스스로 세상을 바꾸는 근원적인 에너지의 출발점임을 가슴으로 느낍니다.

왜냐하면 그들은 생각 속에 머무르며 이야기를 만들지 않으며 그런 에너지를 스스로 만들고 나아가 그것을 매일같이 현실로서 실현하는 집중적인 삶을 살았습니다.

이렇게 작은 불씨에서 거대한 화재가 일어납니다.

그 작은 불씨는 지금 바로 여기 존재하는 이 나로부터 발화될 수 있습니다. 그러려면 이야기만 만들고 실천하지 않는 과거의 존재방식을 바꾸고, 삶을 대하는 관점을 바꾸어야 합니다.

나를 구성하는 존재방식이 완전히 화학적으로 변해야 합니다.

더 이상 '나'라는 작은 이야기를 붙들고 그 속에서 징징거리며 그것을 애지중지하는 그런 나약한 삶을 이제는 끝내야 합니다.

그러므로 생각 속에서 세상과 남들이 어떻다는 심판은 이제 그만 하십시오.

옳고 그름이나 선악을 분별하는 지혜를 버리란 말이 아닙니다. 하지만 머리로 판단하고 마는 그런 것보다는 조금이라도 나와 전체에게 변화를 주는 행동을 하십시오. 그게 더 나와 현실을 바꾸는 데 큰 힘을 발휘합니다.

"그렇게 어마어마한 일을 이 죄 많고 나약한 내가 할 수 있을까요?"

당신은 그렇게 생각하십니까?

그렇다면 그렇게 믿는 대로 될 것입니다. 당신은 스스로 선택한 말을 자기 자신으로 여기는 마법 속에 아직도 빠져 있으니까요. 현실 속의 모든 것은 이처럼 그대가 선택하여 존재하는 방식대로 창조되며 체험되고 있습니다.

chapter.03

이제 이야기를 끝내라

우리는 세상의 실상을 있는 그대로 인정하고 받아들이기보다는 자기가 해석하고 바라다본 방식대로 받아들인다.
그래서 현실과 분리된 자기만의 우울하고 어두운 세상을 자기 마음 안에 창조하는 것이다.

옳은 말씀이에요.

하지만 그건 사실 듣기 좋은 얘기이고, 나 하나도 먹고살기 힘든 것이 바로 이 세상 아닌가요?

그런데 그렇게 듣기 좋은 얘기만 하신다면 할 말은 없어요. 하지만 현실은 그렇게 간단하지만은 않다는 것이지요. 삶은 분명히 먹고살기 위해 가시밭길을 헤쳐 나가야 하는 투쟁의 전쟁터입니다. 이것을 부정할 순 없잖아요. 대체 우리는 어떻게 해야 삶과 영적인 깨어남이라는 두 마리 토끼를 다 잡을 수 있을까요?

당신은 제 말을 잘 듣지 않으며 여전히 자기의 생각이 만든 이야기만을 지나치게 사랑하시는군요.

〈세상은 이렇잖아요〉 하는 순간 당신은 그런 세상을 당신의 눈앞에 직접 불러다 놓는 것이라고 제가 말하지 않았습니까?

저는 세상이 살기 쉽냐 혹은 아니냐는 토론을 하자는 게 아닙니다. 다만 저는 세상을 이렇다 저렇다 해석하며 그것을 판단하는 것은 그대의 삶에 아무런 실제적인 도움이 되지 않는다는 것입니다. 하지만 이것이 우리의 마음이 우리를 지배하며 일생 동안 하는 짓입니다.

그것은 마음이 그대의 세상에 대한 삶의 태도를 다시 결정할 뿐입니다. 삶에 대한 경직되고 두려워서 위축된 그런 소극적인 태도를 말입니다. 그대는 과거의 마음이 내린 판단과 경험을 지금 현재에 끌어다 현재까지 과거로 오염시키고 있습니다.

그것이 그대의 마음이 생각이란 존재방식이 되풀이하여 삶 속에서 벌이는 작업입니다. 그리고 그런 것들이 모이고 모여 당신이란 존재를 과거와 똑같이 보잘 것 없고 나약하게 창조하고 체험시키고 있습니다.

두 마리 토끼라.

과연 먹고사는 일과 영적인 삶이 대립적이며 절대로 서로 하나가 될 수 없는 두 마리 토끼 같은 것들일까요?

왜 그 두 가지가 하나가 될 수는 없다고 생각하십니까?

그렇게 산 사람들도 있습니다. 그리고 진실이 그러합니다. 다만 당신이 그렇지 않다고 해석하고는 지금 그런 이야기를 만들어내고 있을 뿐이지요.

당신이 아무런 생각이 없을 때나 어떤 일에 몰두하고 있을 때에 삶이 당신에게 일부러 다가와서 이렇게 말하던가요?

"삶은 먹고살기 위한 투쟁의 전쟁터다!"

"그는 나쁜 사람이며 자기 의견을 고집하는 것 외에는 양보를 모르는 사람이다."

"모든 사람은 결국은 자기 자신을 위해 사는 거라 이기적일 수밖에 없다." 등.

아닙니다.

다 당신의 생각이 당신의 머릿속에서 그렇게 세상을 바라보면서 이야기를 계속하는 것입니다.

당신의 머릿속에는 한 관점을 가진 채 아침부터 밤에 잠자리에 들 때까지 지속적으로 떠들어대는 라디오가 들어 있습니다.

그 라디오가 줄곧 그대에게 이렇게 말합니다.

이건 이렇고, 그건 그렇고, 저건 저렇고…….

하지만 그런 삶이 당신에게 무슨 변화를 가져다주었나요?

아무런 실제적인 변화도 일어나지 않았습니다. 단지 그 존재(생각)는 당신의 삶을 이야기로 가득 채울 뿐입니다.

이제 당신 스스로 만들어낸, 영적인 도움이 전혀 되지 않는 쓸데없는 이야기는 끝내십시오. 생각을 전혀 하지 말라는 말이 아닙니다. 생각이 끝도 없는 이야기로 당신의 삶을 지루하고 짜증나게 만드는 이 뻔하고도 범속한 삶의 과정으로부터 이제는 정말 벗어나고 깨어나자는 말입니다.

그런 이야기들은 본질적으로 당신의 마음이 만드는 환상일 뿐입니다.

당신은 삶 속에서 어떤 존재나 사건에 대해 일정한 선입관을 가지고 대했다가 나중에 자기의 그 선입관이 틀렸던 경험을 많이 하셨을 것입니다. 때로는 간혹 맞기도 하지만.

이야기는 그런 것일 뿐입니다.

맞기도 하고 틀리기도 하는 그런 점쟁이 같은 것입니다. 내 평생을 점쟁이에게 다 맡기겠습니까?

내 삶을 사는 것은 바로 〈나〉입니다.

하지만 당신은 실제의 매 순간에 깨어 있으며 온전한 행동을 하는 당신으로서 존재하는 게 아니라, 어떤 선입관이나 생각으로 그 순간을 가리고 어둡게 하거나 또는 상대를 심판하는 일에 에너지를 다 소비하며 삽니다. 참으로 소모적이고 어리석게도.

이것이 우리가 살아온 〈이야기 만들기〉라는 방식입니다.
이렇게 계속되는 이야기 속에서 나는 매 순간을 깨어서 그 순간을 지배하고 창조하는 운명의 주체자로 사는 게 아니라, 내가 만든 이야기 속에 갇힌 채 뻔하고 지루하며 피곤한 존재로 시들어갈 뿐입니다.
그대가 만드는 모든 주변에 대한 판단과 분별, 그리고 그 속에 갇혀 있는 그대 자체가 모두 이야기에 불과합니다. 그 이야기 속에 그대가 푹 빠져 있는 동안 그대 주변은 이렇고 저렇게 분류된 사람들과 사건들로 꽉 차게 되며, 그대의 삶은 실존 속에서 빛나는 매 순간은 사라진 채 모든 것이 힘들고 답답한 상황으로 바뀌고 맙니다.

누가 그대의 삶을 이렇게 망치고 있을까요?
그것은 바로 계속해서 이야기를 만들고 있는 당신입니다. 그대가 이런 짓을 계속하는 한, 그대에게 일상 속에서 번뜩이는 영감과 통찰의 지혜가 일어나는 일은 없습니다. 그대에게 아무런 깨달음도 다가오지 않습니다. 그대는 과거가 만든 안경을 쓰고 현재를 그 속에서 있는 그대로 맞이하지 못한 채 왜곡된 이야기 속에서 매 순간의 살아 있는 삶을 놓치고 있기 때문입니다.
비단 당신 한 사람의 삶만이 아닙니다.

우리 사회 자체가 다 이야기입니다. 누가 누구를 낳아서 그 아이가 성장해서 누구랑 결혼을 하고 그래서 누구를 낳았답니다. 누가 누구랑 무슨 일을 같이 하다가 헤어졌지만 사업을 잘해서 큰돈을 벌어 잘 살았답니다. 우리의 삶이 이렇게 거의가 다 비슷하고 자기만의 영성이 없이 산다는, 살아간다는 큰 물결 속에 파묻힌 채 서로가 서로에게 이름표만 붙이고 끝도 없이 이어지고 있는 무의미한 이야기들만 하고 있습니다. 산과 들판에 피는 작은 꽃들조차도 각기 다른 고유의 존재방식과 색깔 및 향을 지니고 있는데.

우리를 지배하고 있는 우리 사이의 이름과 개념들이 어떻게 이야기를 만들어내고 있는지 한번 보세요.

언제 누가 무슨 짓을 해서 어떻게 됐대요.
그가 그런 사람인줄 몰랐는데 아 글쎄 그랬다지 뭐야.
나는 이렇게 생각했는데 당신은 그렇게 생각했나? 도대체 뭐가 맞는 거지?
그는 그래야 하는데 그렇게 살지는 않잖아. 그는 나쁜 사람이야.
그는 자기가 번 돈을 다 남에게 나눠주었대요. 그는 참 선하고 훌륭한 사람이군요.
나는 신에게 자주 감사하니 마음이 아주 기뻐요. 항상 그런 건 아니지만요.

나는 이래야만 마음이 편안할 것 같아. 앞으론 어찌될지 몰라도.

내가 그때 이렇게 해주었는데, 아 글쎄 그는 그 따위로 응답하더라고. 배신자 같은 인간.

그는 그땐 좋은 사람 같아 보였어요. 그래서 제가 속아 결혼한 거지요. 난 바보에요.

난 그동안 살아온 게 뭘 한 건지 모르겠어요. 돈 벌고 밥 먹고 애 낳고 그러다가 인생 끝난 것 같습니다.

이게 진리의 가르침이고 난 그대로 언행했건만, 그는 그렇게 반응하더군요. 어리석은 사람 같으니.

자, 이게 다 한때 흘러지나가는 생각들로서 결국은 이야기가 아니고 뭡니까?

이런 생각과 생각의 뭉치들 속에서 우리는 진짜 참나인 실상의 존재는 모르는 채 시시하고 잡다한 생각의 흐름에 속아 진짜 리얼한 삶을 살아보지도 못한 채 다 흘려보내고 마는 것입니다.

오늘도 수많은 사람들이 이렇게 그들의 삶을 소비하고 있습니다. 저는 무엇이 옳고 그르며 선하거나 악하다는 이야기를 하자는 것이 아닙니다. 이 모든 것에서 벗어나는 것, 바로 저 산야에 하나도 똑같은 것이 없이 각기 다른 모습으로 피어난 야생화 같은 살아 있는 생명의 길, 그 길을 저는 가리키고자 합니다.

chapter.04

진짜로 사는 삶

진짜로 사는 삶이란 내 이야기로 내 삶을 꽉 채우는 대신에
세상과 자연을 그대로 받아들이고 살아 있는 지금 이 순간의
관계창조에 충실하는 것이다.
내가 아무런 선입관을 갖지 않고 삶을 살 때, 모든 것을
있는 그대로 그 대상에 완전히 충실하고도
진실하게 받아들이게 된다.

머릿속의 이야기를 끝내란 말이 무엇인지 이젠 알 것 같습니다. 과거의 기억이 가져다준 개념과 생각에 입각해서 판단분별하지 말고 다만 지금 이 순간을 충실하게 살라는 말이 아닌가 생각되네요. 지금 이 순간에 집중하면 이야기가 만들어질 틈이 없을 테니까요.

바로 그렇습니다.
우리의 삶이 왜 우울하고 지루해졌는가 하면 바로 우리의 과거 삶

이 그러했기 때문입니다. 과거에 행복하고 빛나는 삶을 살았다면 그의 지금 현재도 그럴 수밖에 없습니다. 반면에 우리의 과거가 어둡고 괴로웠다면 가만히 놔두는 한 그의 현재나 미래조차도 그렇게 될 것입니다. 왜냐하면 깨어 있지 못한 마음은 과거를 미래로 퍼 나르며 운반하는 습성이 있기 때문입니다.

이제 저희 명상과정에서 가르치는 식스존 십훈(十訓)이라는 가르침을 소개합니다.

[식스존 십훈(十訓)]

1. 당신이 생각하는 〈나〉란 과거의 집합물이다.

2. 그래서 당신은 과거에 당신이 체험하지 못한 미지의 것에 대해선 지금도 알 수가 없다.

3. 그런데 당신의 삶은 지금 행복하고 만족한가?

4. 아니라면 당신의 과거가 그렇다는 얘기다.
당신은 지금도 과거의 그 방식 그대로 살고 있다.
그래서 당신의 삶은 우울하고 따분하며 지루한 것이다.

5. 이제 그 과거를 버리고 바꾸자.

그것을 바꾸지 않는 한 당신의 오늘과 내일 역시 그 과거의 연장일 뿐이다.

사람은 자기가 체험하지 못한 미지의 것은 알고 누릴 수가 없기 때문이다.

6. 즉, 당신의 삶을 바꾸려면 새로운 것을 깨닫고 새로운 삶의 방식을 살아야 한다.

새 술은 새 부대에 담아야 한다.

당신은 새로운 것도 과거의 당신 지식과 체험이라는 헌 부대 속에 넣어 헌 술로 만들고 버려왔다.

7. 헌 부대 혹은 새 부대란 무엇인가?

당신의 존재방식이 헌 것이냐 새 것이냐의 문제이다.

8. 그런데 당신의 존재방식이란 결국은 생각, 감정, 감각일 뿐이다.

당신은 이것으로 당신이 아는 시공간 속에서 다른 존재들과 어떤 관계를 만들며 살아왔다.

당신은 지금도 생각, 감정, 감각을 가지고 시공간 속에서 관계를 만들며 살고 있다.

9. 하지만 생각, 감정, 감각은 당신이 아니라 당신이 사는 도구이며 수단일 뿐이다.

시공간과 관계는 당신이 아니라 당신이 선택하거나 만든 것들이다.

당신은 그것들을 삶의 주인으로 여겨왔지만 사실은 그것들은 당신의 종일 뿐이다.

10. 과거엔 그것들이 당신을 형성하고 만들어왔지만 이제부턴 당신이 그것들을 선택하라.

그리고 그것들의 본질을 알고 그것들을 새롭게 쓰는 공부를 하라.

그러면 당신 안에서 본성이 눈을 뜰 것이며, 놀라운 새 삶이 펼쳐질 것이다.

당신은 당신의 이 귀중한 삶을 어떻게 살고 싶나요?

당신이 과거의 연장선상에서 과거가 만든 이야기에 파묻혀 시비분별하며 사는 한, 그대는 지금 현재에 생동감 있게 펄펄 살아 있는 진짜 리얼한 삶을 놓치는 것입니다. 과거는 이미 흘러갔으며 미래는 아직 오지 않았습니다. 따라서 내가 진짜로 살 수 있는 시간이자 모든 것을 바꿀 수 있는 때는 바로 지금 이 순간뿐입니다. 그대는 바로 지금 이 순간의 위대하고 큰 힘을 잃어버리며 살고 있는 것입니다.

진짜로 사는 삶은 지금 이 순간(NOW)을 사는 삶입니다.

허상의 삶은 과거 상처의 영향권 아래에서 그 상처를 실재한다고 믿으며 그것이 자기의 현재를 지배하도록 허락하는 삶입니다. 그것이 치유되지 않는 한 우리는 어쩔 수 없다고 믿는 삶입니다.

　이런 부류의 사람들은 자기가 자기를 스스로 용서하고 치유할 수 있는 최고의 책임자이며 권리자라는 진실을 모르기에 밖으로 이런저런 종교나 의료전문가를 찾아다니며 스스로 병자행세를 해야만 하는 것입니다.

　하지만 스스로 에너지가 넘치는 지금 현재의 존재함에 눈뜨고 있는 사람은 다릅니다. 그런 사람은 자기의 트라우마(과거의 사건으로 인한 마음의 상처)를 넘어서며 오히려 남과 사회의 트라우마를 치료합니다.

　그에게 이러한 힘이 있는 이유는 간단 명백합니다.

　그는 진짜로 사는 삶이 어떤 것인지를 알고 있기 때문입니다. 머릿속에서 자기 삶에 대한 이야기를 쓰며 그 속에 갇혀 있는 허상적 존재가 아닌, 지금 바로 여기에 충만하게 깨어 있으며 모든 것을 새롭게 재창조하고 재해석할 수 있는, 지금 이 순간의 위대한 힘과 에너지를 스스로 살고 있는 존재이기 때문입니다.

　모든 것은 내가 있다 하면 있게 되며, 없다 하면 없게 됩니다.

　내가 삶을 이러하다 하면 그렇게 나타나며, 저러하다 하면 또 그렇게 나타납니다. 일체가 마음의 작용이기 때문입니다. 그래서 깨어나지 못한 사람은 과거의 마음이 만든 이야기 속에 지금도 과거를 살지만, 깨어난 사람은 과거는 기억하되 그 영향권 하에서는 깨끗하게 벗어나 있는 사람입니다.

그는 진정한 자기 운명의 항해자(Invictus)이며 과거가 어떠했든 지금 여기에서 스스로 삶의 빛을 밝히고 아름답고도 감동적인 삶을 창조하는 능동적인 존재입니다.

chapter.05

세상은 온전한 채 살아 있다

세상은 보는 대로 보인다. 내가 반응하는 대로 나타난다.
내가 화를 내면 세상도 화로 가득찰 것이며,
웃으면 세상도 웃으며 다가올 것이다.

말씀대로 세상은 우리가 생각하고 의미를 부여하는 대로 우리에게 나타난다는 것을 이제는 이해하겠습니다. 하지만 내가 범죄자나 사기꾼 같은 나쁜 사람을 아무리 좋게 본다고 해서 실제로 그 사람이 좋아지는 것은 아니지 않습니까?
즉, 내가 아무리 나쁜 상대를 좋게 보고 나를 먼저 열고 그를 위해 희생한다 하더라도 상대가 끝까지 이기적으로 그런 나를 이용만 하려 든다면 결국은 나만 손해 보는 게 아닐까요?

그렇게 생각하시는 것은 당연합니다.
우리가 그런 논리와 관점 속에서 세상을 살아오도록 교육받았으며 또 실제로 살아오면서 우리의 삶 속에서 그런 경험들을 적잖게 해왔기 때문입니다. 우리가 산 삶이 우리를 그렇게 가르치지요. 하지만 당신이 하나 크게 보지 못하고 간과하시는 게 있습니다. 그것은 바로 당신이 아직 세상의 〈온전함〉과 〈살아 있음〉에 대해 모르고 있다는 것입니다.

당신은 아직도 자기 하나의 개체적 관점에서만 타인과 세상을 바라보고 있습니다. 그렇기에 당신은 크게 보지 못하고 삶 속의 더 깊은 섭리를 보지 못하는 것입니다. 저는 지금 당신이 말하시는 게 옳다 혹은 그르다를 말하고자 하는 게 아닙니다. 아마도 당신의 말이 맞을 것입니다. 하지만 그것이 맞고 유효한 것은 그런 개체적 작은 삶의 관점 속에서만 살 때입니다.

만약 당신이 그런 관점에서 벗어나 삶을 통째로 바라다보며, 세상 전체를 있는 그대로 온전하게 바라보며 인정하고, 전체가 반응하는 대로 그 법칙에 따라 사는 훨씬 더 큰 관점을 가지신다면 그때부터 당신의 위와 같은 삶의 태도는 완전하게 변할 것입니다.

당신은 세상이 당신이 보는 대로 당신에게 나타나 다가오고, 당신이 반응하는 대로 다시 더 크게 반응하여 전체적으로 퍼져나간다는 것을 깊게 깨우치게 될 것입니다.

예컨대 당신의 주변에 그렇게 당신을 이용만 하려 드는 아주 이기적인 사람이 있다 합시다.

우리가 첫째로 살펴볼 일은 보다 더 관점을 크게 하여 과연 그가 모든 면에서 그렇게 이기적인 존재인가 하는 점입니다. 그가 다른 사람 예컨대 그의 절친한 친구나 가족에 대해서까지 그렇게 이기적일까요?

아마도 아닐 것입니다.

그렇다면 그가 당신에 대해서만 이기적이란 말이 되는데, 이것은 결국 그와 당신의 관계에 대한 해석의 문제가 됩니다.

앞서도 말했듯이, 당신이 그와의 관계 속에서 일어난 일들에 기초하여 그를 이기적이라고 해석하는 순간 그와 당신의 관계는 더 이상 회복 불능한 더 심각한 관계로 치달을 것입니다. 당신은 그를 더욱더 비난하게 될 것이며, 그 역시 그런 당신에게서 결국은 적대감을 느끼게 될 것입니다.

결국 두 사람의 관계는 그렇게 창조되고 형성되며 더욱더 그렇게 굳어지게 됩니다. 돌이킬 수 있는 상황이 생긴다 해도 그 기회는 슬그머니 사라질 것이며, 이것은 결국 그대의 세계를 더욱 힘들게 만드는 결과가 될 뿐입니다.

사실 어느 한 사람이 모든 사람과 다 관계가 나쁜 그런 절대적으로 나쁜 존재는 거의 없습니다. 대부분은 사람 사이에 서로 관계가 좋다든가 나쁘다든가 하는 것은 상대적인 것이란 얘기입니다. 그렇다면 어떤 사람은 비교적 대다수의 사람들과 넓게 좋은 관계를 유지하는데, 왜 어떤 다른 사람은 그렇지 못할까요?

그것은 그가 상대를 한두 번의 사건만으로 쉽게 심판하거나 단정 짓느냐 아니냐에 달려 있습니다. 누구나 실수할 수 있으며 가끔은 맡은 바 일에 소홀할 수가 있습니다. 문제는 당신이 얼마나 넓고 여유로운 관점과 사실을 있는 그대로 받아들일 수 있는 관점을 가졌느냐의 문제란 것입니다.

두 번째로 만약 그 상대가 아주 나쁜 사람이라 범죄자이거나 혹은 거의 그에 가까운 사람이라 해봅시다. 당신이 그에게 이용당하여 한두 번 혹은 그 이상 손해를 보았다고 합시다. 개인적 관점에서 본다면 이는 분명한 당신의 손해입니다. 하지만 그가 그렇게 문제가 있는 사람이라면 분명 그에게서 피해를 본 당신의 잠재적 동지가 주변에 있을 것입니다. 그리고 당신이 그와의 관계에서 이용당하고 크든 작든 손해를 보았다고 할 때, 그런 존재들이 당신에게 다가오게 되며 동병상련으로 같은 편이 되어주게 됩니다.

이것이 세상이 〈온전함〉이며 〈살아 있음〉입니다.

세상에는 분명히 부족하게 된 곳을 메우고 보완하려는 에너지가 작용하고 있습니다. 이것을 사람들의 마음인 민심(民心)이라고도 하며 〈민심은 천심〉이라는 말이 있듯이, 세상은 크게 보면 적자 나고 상처 입은 곳을 달래주려는 근본적인 힘이 작동하고 있습니다. 인류 역사를 보면 이런 보이지 않는 힘들이 역사를 움직이고 세상을 바꾸었으며 불의를 패망시키는 혁명을 일으킨 적이 한두 번이 아닙니다. 즉, 당신이 진정으로 옳다면 세상은 이미 당신 편이라는 얘기입니다.

그러니 작은 관점 속에서 혹 자칫 남에게 이용당할까 고민과 염려를 하면서 스스로 자기 세계를 축소해서 살 필요가 없습니다. 당신은 삶에서 입은 상처로 인해 너무나 축소되고 작아졌습니다. 하지만 당신이 결과적으로 옳은가 아닌가는 당신이 결정하는 게 아니라 눈에 보이지 않는 세상을 움직이는 보다 더 근본적인 힘이 결정합니다.

이 힘을 바라보고 느끼면서 이제는 전체적인 관점에서 넓고 크게 보며 사십시오. 이것이 세상의 온전함과 살아 있음을 느끼며 사는 깨어난 삶의 자세입니다.

내가 손해 볼까 이용당할까 염려하며 살다 보니 우리는 다 같이 마이너스(-) 당하지 않으려는 삶만 살아왔습니다. 즉, 잘해봐야 제로(0)인 삶을 힘들여 살아왔단 이야기입니다. 하지만 내가 좀 작게 손해 보더라도 크게 전체적인 관점에서 볼 때 이익을 보면 됩니다.

이것이 세상의 살아 있음을 바라보는 관점이며 결국은 내가 소신 있게 살면 살수록 세상은 더욱더 공정하고 온전하다는 플러스(+)적인 삶을 살게 해줍니다.

인생에 성공한 사람들은 다 같이 하나의 진리를 말하고 있습니다. 그것이 무언가 하면 바로 삶은 우리가 정직하게 바란 대로 주며, 뿌린 대로 거둔다는 법칙입니다. 하지만 삶에 실패하고 삶을 사는 것이 두려운 사람들일수록 세상은 불공평하며 불완전하다고들 말합니다.

과연 누구의 말이 옳을까요?

우리가 삶 속에서 작은 하나하나의 사건과 상황에 일희일비하지 않고 큰 전체적인 관점을 가지고 살 때 세상은 그의 온전함과 살아있음을 우리에게 명백하게 보여줄 것입니다.

세상에서 손해 안 보고 상처 안 입으려고 살지 말고, 세상에서 손해 좀 보더라도 마침내는 더 큰 이익을 보겠다는 적극적인 자세로 사십시오. 세상을 내 한 몸 지키겠다는 작은 관점 속에서만 살지 말고, 이 세상을 나를 표현하는 화폭으로 삼아 한 폭의 멋진 그림을 잘 그려보겠다는 자세로 살아보십시오.

세상을 사는 관점이 어떠하냐에 따라 나타나고 다가오는 세상이 달라집니다. 작게 보면 세상은 작고 답답하게 나타나며, 크게 보면 크고 거대하며 도도한 흐름으로 나타납니다. 이 안에서 무엇을 보고 무엇으로 자기를 표현하고 나타낼 것인가는 당신이 선택하는 것입니다.

당신이 당신의 세계를 창조하고 체험하는 것입니다.

chapter.06

나의 존재방식

나의 존재방식은 내가 스스로 결정하는 것이다.
지금 이 순간 일어나는 삶의 매 순간을
어떻게 무엇으로서 맞이할 것인가?
그것에 얼마나 깨어 있는 안목을 갖느냐에 따라
나의 삶과 행불행이 통째로 달라진다.
하지만 대다수 사람들은 이 비밀을 모르는 채
습관적인 반응만 하면서 살고 있다.

대화를 나누다 보니 이제는 좀 눈이 뜨이는 것 같습니다.

관점을 바꾸면 새로운 세계가 나타나고, 내가 변화하면 세상도 그에 맞게 달라진다는 말씀에 이제는 공감합니다. 이제는 제가 과거에 세상을 바라보던 생각이나 관점들이 다 제가 선택한 제 이야기들임을 알겠습니다.

그렇다면 어떻게 해야 이런 과거의 삶이 가져다준 것들 속에서

웅크리고 사는 나를 획기적으로 깨어나게 하고 변화시킬 수 있을까요?

스스로의 생각과 관점에 대해서 이렇게 열린 자세를 가져주시니 고맙습니다.

이제는 우리가 대화 속에서 좀 더 구체적이며 실용적인 것을 다룰 때가 되었습니다. 제가 말씀드리고 싶은 것은 우리가 그동안 너무나 과거의 우리 자신에게 중독되어 살아왔다는 것입니다. 우리는 우리가 선택한 과거의 지루한 〈존재방식〉으로만 존재해왔습니다.

그 결과 세상은 우리가 바라보는 방식으로 우리에게 맞춰져 나타났으며, 우리는 자기의 그런 개체관점 속에서 깨어나지 못한 채 세상을 다 내가 아는 뻔하며 지루하고 진부한 것이라고 치부해왔습니다.

이것이 우리가 선택한 우리의 삶이며, 내 이야기입니다.

이제는 이러한 내 속에 갇힌 나를 해방시켜야 합니다. 내가 생각한 상자 속에 갇혀서 그 좁은 공간 안에서 우왕좌왕하며 세상을 두려워하고 다른 이들을 적대시하며 어쩔 줄 모르던 왜소한 나를, 이제는 그렇게 못나고 작았던 영역에서 구출해야 합니다.

그렇게 하려면 어떻게 해야 할까요?

문제는 간단합니다.

내가 변하지 않은 채 세상을 바꾸려면 평생이 걸려도 어렵지만 세상을 바라다보는 내 관점과 생각을 바꾼다면 나타나는 세상은 금방 달라집니다. 즉, 세상을 바꾸려면 과거의 작고 보잘것없는 경험에 입각해서 이러쿵저러쿵 비평분석을 하며 세상에 대해 요구하고 있는 못난 나를 자각하고 먼저 이 모든 관점을 일으키고 있는 나를 바꾸어야 하는데, 이와 같이 나를 근본적으로 바꾸려면 지금의 내가 존재하는 방식인 나의 생각, 감정, 감각, 관계, 시공간의 여섯 가지 식스존 영역을 획기적으로 바꾸어야 하는 것입니다.

사람의 의식은 이렇게 항상 여섯 가지 형태로 존재하고 나타납니다.
그런데 이 여섯 가지 존재방식은 내가 살아오면서 나도 모르는 사이에 저절로 환경과 타인들에 의해 슬그머니 형성되고 나에게 다가온 것입니다. 즉, 나는 이 세상이 고해(苦海)라고 여기는 세상 사람들 속에 섞여 살다가 보니까 나도 모르는 사이에 그러한 관점에 중독되어버린 것입니다.
그러므로 내가 의식적으로라도 나의 여섯 가지 존재방식을 바꾼다면 나의 삶은 질적으로나 양적으로 크게 변화하게 됩니다. 세상을 바라보는 관점이 바뀌면 나타나는 세상이 달라지는 법이니까요.

여태까지 모든 수행이나 종교의 인성개발은 나를 이루는 나의 근본인 존재방식은 놔둔 채, 그 위에서 나를 이런저런 말과 사례로 설득하려 하거나 혹은 오랜 수행을 통하여 특별한 체험을 주려고 애썼습니다.

이것이 바로 우리가 바뀌기가 그렇게도 힘들었던 원인입니다.

그것은 너무나 비효율적인 방법이었으니까요.

모든 사람은 누구나 다 똑같은 마음(존재)상태로 존재하는 것이 아닙니다. 자세하게 살펴보면 그야말로 각양각색이지요. 똑같은 시공간과 상황 속에 있어도 누구는 절망 속에 있고, 누구는 희망을 생각합니다. 또 다 같은 아무것도 없는 여건 속에서도 누구는 커다란 창조를 이루어내는데, 또 다른 이는 주변만 탓합니다.

마음의 상태나 행불행이나 나아가 깨달음도 이와 같습니다.

누가 9급의 존재방식을 자기라 여기고 있다면, 그 사람은 9급의 마음상태에 있습니다.

누가 5급의 존재방식을 자기라 여기고 있다면, 그는 5급의 마음상태에 있습니다.

그러나 우리가 유단자의 존재방식으로 존재한다면 우리는 유단자의 마음에 머무르게 됩니다.

나아가 우리가 하나님이나 부처님, 깨달은 자의 존재방식으로 존재한다면 우리는 전체적으로 그런 마음을 갖게 되지요.

이것은 우주의 명백한 법칙입니다.

그러므로 우리는 누구든 과거가 자기에게 만들어준 그러한 그림자 지고 어두운 존재방식을 자기라고 여기던 그 바보 같은 자기 동일시 과정을 즉각 중지하고 자각하여야 합니다. 이것이 바로 내가 깨어나는 〈자각명상〉이며 과거를 떠나 지금 현재에 충실하게 존재하는 사람의 존재방식입니다.

당신은 지금 일상 속에서 불행 쪽을 자꾸 바라다보나요?
그렇다면 당신에겐 불행만 더 자주 많이 보이게 될 것입니다.
그대는 지금 남의 티만을 찾고 있나요?
그렇다면 그대에겐 남의 티만이 더 많이 보이게 될 것입니다.
하지만 그대가 자꾸 행복과 평화 쪽을 바라다본다면 그대에겐 점차 그런 것들이 더 많이 나타나고 다가오게 될 것입니다.

의학계엔 플라세보(placebo)효과라는 것이 있습니다.
이것은 똑같은 병에 걸린 환자에게 밀가루로 만든 가짜 약을 주었는데도 〈그 약만 먹으면 다 낫는다〉는 강한 암시를 주면 그 약을 복용한 사람들이 정말로 다 낫는 현상을 말합니다.
이것은 석가가 일찌감치 말하신 〈일체유심조(一體唯心造)〉의 법칙이 온 우주를 지배하고 있음을 말합니다.
사실 기독교에서도 성령의 은혜를 입었다는 사람들의 대단한 내적 경험과 은사 역시 결국은 다 이것에 지나지 않는다고 보입니다.

왜냐하면 이러한 현상은 알라신을 믿는 이슬람에서도 마찬가지이니까요.

사실 우리는 태어날 때부터 이미 이렇게 온전하고도 놀라운 우주적 창조자 마음을 갖고 태어난 것입니다. 그래서 누구든 자기가 마음먹은 대로의 세상을 창조하고 경험하는 것입니다. 우리는 이러한 마음의 진리를 이해하고 현대인의 부정적인 정서와 삶의 방식에서 비롯된 부정적인 존재방식을 획기적으로 바꾸도록 노력해야 합니다.
그리고 이러한 우리 본래의 능력에 눈떠야 합니다.

내가 과거와 다름없는 지금 이대로이면서 공부하고 수행해서 깨닫는 게 아닙니다. 내가 나의 정한바 없는 마음이 지어내는 무수한 존재방식의 변화를 경험하고 자각하면서 마음의 오묘한 이치와 섭리에 대해 비로소 깨어나는 것이 깨달음입니다.
그래서 무릇 깨닫고자 하는 이는 지금 이대로의 나를 지키고 그것의 관점에서 수행하고 공부할 게 아니라, 지금 여기의 나란 것을 허망하게 여기고 획기적으로 존재의 방식을 바꾸어야만 비로소 깨달음이 열리는 것이지요.

그뿐만이 아니라 이렇게 존재하기 시작하면 매 순간순간이 NOW 속에서 살아 숨 쉬며 빛나기 시작합니다.

모든 것이 다 저 들판에 핀 꽃들처럼 다채롭게 살아 있게 되고, 삶이 매 순간 제각각 빛으로 약동하며 고귀하게 변하기 시작합니다.

진리란 내가 진리를 찾는 게 아니라 내가 이처럼 나를 바꾸어가면서 그에 따라 바뀌는 세상을 체험하고 더불어 나타나는 마음의 오묘한 이치를 자각하는 것입니다.

그러므로 이제는 그만 생각 속에 존재하십시오.

생각으로 시비분별하고 분석하는 진리찾기는 이제 그만하십시오.

과거가 만들어온 과거의 식스존 존재방식으로 세상을 다루고 만나는 것은 이제 끝냅시다.

그것이 나의 삶을 지루하고 권태롭게 만들어온 장본인입니다.

이제 그러한 나의 존재방식에 내 스스로 깨어나 통째로 바꿀 때가 된 것입니다.

제2장
내 안에 갇힌 나

명상하기

1. 언어의 세계를 넘어서 존재하는 나의 실재
2. 우리가 개념의 세계 안에 갇혀 있다는 말은 지금 구체적으로 나에게 어떻게 나타나는가?
3. 나에게 일어나는 모든 일을 있는 그대로 무관점으로 바라보고 느껴보기
4. 내가 의지하며 살아온 내 관점과 그것이 만든 나의 삶의 이야기에 대하여 자각해보기
5. 삶의 실제와 내가 끊임없이 실제에 대하여 내 방식대로 해석하고 이야기를 쓰는 습성 자각하기
6. 지금 이 순간(NOW)에 깨어나 이 순간을 사는 삶이란 어떤 삶인가?
7. 세상의 〈온전함〉과 〈살아 있음〉에 대하여 명상해보기

내 방에서

| 제3장 |
존재방식(식스존)의 변화

chapter.01

생각존(Think Zone) (1)

생각은 내가 아니라 내가 만든 것이다.

철학자 데카르트는 〈나는 생각한다, 고로 나는 존재한다〉라고 선언했는데, 여기서는 어떤 의미가 되나요?

과연 생각은 우리에게 있어서 어떤 존재일까요?

생각이 내가 아니라면 어째서 내가 아닌가요, 그리고 진짜 나는 과연 무엇이며 누구일까요?

여태까지 생각은 수없이 많이 하고 살았지만 이렇게 〈생각〉 그 자체에 대해 본격적으로 성찰해본 적이 한 번도 없어서 참 신기하기도 하고 생소합니다.

자, 우리에게 있어 생각이란 과연 무엇일까요?

우리는 살아가면서 끝없이 생각을 자기 동일시(자기라고 여기는 것)

합니다.

그래서 일반인들에게는 생각이 곧 나이며, 내가 곧 내 생각입니다.

철학자 데카르트의 말은 이런 의미에서는 옳습니다. 하지만 우리가 틀린 정보에 의해 틀린 판단을 하고 그리고 그 결과 화를 내거나 잘못된 언행을 하게 되어 마침내 자기나 타인에게 심각한 손해를 끼치거나 법률이 정하는 죄가 될 때는 어떨까요?

물론 그럴 때 우리에게는 죄가 있지요.

하지만 엄밀하게 본다면 그땐 우리가 생각을 잘못 하거나 잘못 다룬 것이지 우리 자체가 나쁜 것은 아닌 것입니다.

이 말은 바로 〈죄는 미워하되 사람은 미워하지 말라〉는 성경 말씀과도 일맥상통합니다.

왜냐하면 사람은 새로운 생각을 통해 얼마든지 다시 새 사람이 될 수 있기 때문입니다.

또한 현실 속에서도 우리가 좋은 생각을 많이 하면 우리는 좋은 사람이 되고, 나쁜 생각을 많이 하면 나쁜 사람이 됩니다.

자본주의자는 자본주의적인 생각을 하기 마련이며, 사회주의자는 사회주의적인 생각을 많이 하기 마련입니다. 기독교도는 기독교인다운 생각을 많이 하기 마련이며, 불교도는 불교도다운 생각을 많이 하고 그런 관점으로 살기 마련입니다.

한때 잘못된 불온사상에 휩쓸린 사람은 그래서 그동안은 잘못된 생각을 가진 사람이 되지만, 그것에서 벗어나게 되면 그때 그 순간 부터는 더 이상 잘못된 사람이 아닌 것입니다.

그래서 저는 아예 〈생각은 내가 아니다〉라고 보자는 것입니다.

이럴 때 우리는 데카르트의 명제와는 전혀 반대되는 아래와 같은 새로운 명제를 만들 수 있게 됩니다.

나는 생각한다.

그때 그 생각에 사로잡힌 내가 만들어지고 존재하게 된다.

우리는 생각에 생각을 거듭하며 삽니다.

하지만 우리의 생각은 자꾸 바뀌며 그 결과 때로는 삶이 더 나빠지기도 하며 때로는 더 개선되고 나아지기도 합니다. 우리는 한참 뒤 결과가 구체적으로 나타난 먼 훗날 그것을 깨닫고는 스스로 자기를 반성하거나 혹은 잘했다고 칭찬하기도 하지요.

그런데 언제 어느 생각이 과연 진정한 우리이겠습니까?

사실은 아무 생각도 우리 자신은 아닌 것입니다.

우리는 생각하고 생각을 만드는 창조자(the Creator)이지 생각 그 자체는 아닙니다. 하지만 우리는 이 진실을 잊고 매 순간 만들어지는 수많은 생각을 바로 나라고 여기며 그 순간에 그 생각에 집착하거나 그 생각을 자기 동일시함으로써 생각이 되어 삽니다.

그렇기에 우리의 머릿속은 서로 모순되는 수많은 생각 속에 날로 복잡해지며 점점 더 많은 화(禍)와 스트레스 속에서 살게 되는 것입니다. 현대문명은 점점 더 나날이 수많은 개념과 판단을 만들어 세상에 쏟아냅니다.

그래서 우리는 이렇게 현대문명의 삶 속에서 삶의 편리를 위하여 모든 것을 규정하고 개념화합니다. 깨달음이나 구원도 그 실상은 아주 깊은 데 있지만 사람들이 그것을 개념화하긴 마찬가지입니다. 사실 성경이나 불경조차도 진정한 진리적 실재(實在)가 무엇인가에 대해 개념화한 것들입니다. 하지만 이렇게 됨으로써 우리는 실재에 대한 이야기를 잔뜩 만들어 갖고 살게 되는 것입니다.

즉, 우리는 삶 속에서 깨어나길 원하고 실재를 만나기를 진심으로 원하지만 우리가 사는 삶 속에서 생각하고 사유하지 않을 수가 없는데, 바로 이 생각하고 사유하는 방식 자체가 다시 또 끝없이 개념을 만들고 있으므로 계속해서 우리는 자기도 모르는 사이에 개념 속에 갇히게 됩니다.

이러한 우리의 삶은 우리를 고정된 생각상자(think box) 안에 가둡니다.

우리가 이렇게 수많은 개념들 속에서 헤매게 될 때 우리 자신은 그것에 홀려 실상을 잃어버린 채 허상적인 생각들을 따라 자기를 잃어버린 채 그 생각들이 만드는 이야기 속의 삶을 살게 된다는 것입니다.

 이것은 때로는 그 사회를 지배하는 큰 생각상자로 나타날 수도 있지만 때로는 각 개개인의 구체적인 삶을 구속하고 지배하는 작은 생각상자들로 나타날 수도 있습니다.

 한 개인이 자기 주변의 인정을 잘 못 받거나 혹은 몇 번의 실패를 경험하고 나서는 〈나는 형편없는 존재야!〉라든가 〈이것이 내가 바라던 삶이야!〉라는 단정적인 생각이 바로 전형적으로 그러한 것이지요.

 즉, 대부분의 사람들이 군중 속의 삶 속에서 서로를 향한 커뮤니케이션의 효율성을 위하여 다양한 생각을 사용하게 되고, 그렇게 함으로써 생각의 편리성과 효용성이란 것을 얻습니다. 대신에 그런 약속된 개념세계 안에 갇힘으로써 생각 이전의 본래적이고도 창의적인 존재로서의 자유를 구속당하거나 잃어버리게 되는 것입니다.

 생각존의 영역 안에 갇힌 사람들은 모든 것을 똑같이 보기 시작하며 똑같이 해석하기 시작합니다. 이러한 현상은 사람의 가치관과 감성까지 좌지우지할 수 있는 무서운 결과를 초래합니다.

 언론의 자유란 그래서 목숨을 걸 만큼 가치가 있고 중요하다는 얘기가 있지요. 고정된 생각, 획일적인 생각, 세뇌된 생각은 우리의 정신을 황폐화시키며 로봇같이 남에 의해 조종되는 무서운 존재를 만

듭니다. 과거 히틀러 치하의 독일 민중들이 그러했으며, 오늘날 북한 사람들이나 우리가 만나는 특수한 진보적 성향의 사람들이 그러하지 않습니까?

그러므로 우리는 우리의 생각과 나 자신을 동일시하는 일상적인 삶에서 깨어나야 합니다. 지금 당신을 지배하는 생각은 내일 가서는 후회하는 생각으로 바뀔 수도 있습니다. 세상의 모든 종교와 수행법들은 당신에게 이것이 진리다, 혹은 저것이 옳다고 가르칩니다.
하지만 진정 무엇이 참된 진리인가요?
그것은 그러한 생각들이 아니라 그런 생각들에게 그것이 진리라고 인정하고 에너지를 부여하는 당신이 바로 진짜 진리인 것입니다.

세상의 모든 진리란 바로 〈당신이 진리라고 인정하는 것〉들입니다.
세상엔 스스로 진리임을 입증하는 책이나 이론은 없습니다. 세상의 모든 생각들이란 바로 〈당신이 옳다고 인정할 때 비로소 힘을 얻는 것〉들입니다.
그러므로 진짜 참 진리란 성경이나 불경, 코란 등이 아니라 바로 그것 속에 진리가 있다는 생각을 만들어내고 그것 속에 들어가 앉아 있는 당신, 그런 생각들을 진리라고 인정하는 당신이야말로 참으로 핵심적인 참 진리인 것입니다.
당신은 누구인가요?

당신은 자기 이름을 대거나 생년월일 혹은 가족관계나 지나온 삶을 말하실지 몰라도, 진정한 당신은 치매 한방이면 사라질 그런 말과 글 속의 허상적인 존재가 아닙니다.

당신 역시 당신이 그때그때 〈나라고 인정하는 것〉입니다.

당신이 스스로를 누구이며 무엇이라고 인정할 때 당신은 스스로 그것이 됩니다. 당신이 스스로를 이름으로 여길 때 당신은 그 이름이 되며, 어느 학교를 나오고 무슨 학위를 가진 누구라고 여길 때 당신은 다시 또 그런 존재가 됩니다.

당신이 이 몸을 나라고 여길 때 당신은 이 몸 안에 갇히게 되며, 반대로 이 몸은 내가 아니라고 여길 때 당신은 이 몸을 초월하는 존재가 됩니다.

즉, 당신이 생각하는 바에 따라 당신이란 존재의 내용이 결정되는 것입니다. 그리고 그 생각이 당신을 지배하기 시작합니다. 하지만 그 생각이 단지 생각일 뿐이라는 사실을 그대가 자각하고 깨어날 때, 그대는 더 이상 그 생각에 지배당하거나 좌지우지되지 않습니다. 그대는 제아무리 사나운 생각이 다가오더라도 그것에 잡착하지 않거나 혹은 그것이 내가 아님을 자각함으로써 혼란 없이 평화스럽게 존재할 수가 있습니다.

이것은 그대가 이미 생각을 초월해서 모든 생각을 넘어서 있으며 모든 생각을 창조하는 근원적 존재라는 사실을 말해주는 것입니다.

그대는 생각이 아니다!

이것이 바로 제가 생각존에서 말하고자 하는 첫 번째 핵심입니다.

chapter.02

생각존(Think Zone) (2)

당신은 만들어진 생각이 아니며,
그 생각에 힘과 먹이를 주는 존재이다.

듣고 보니 정말 그렇습니다.
생각은 내가 아니라 내가 만드는 것이군요.
그렇지만 우리가 생각하지 않을 때 과연 우리는 무엇인가요?
아무것도 없다고도 말하기 어렵고, 참 알아내기가 쉽지 않네요.
우리는 근본적으로 생각과 도저히 분리할 수 없는 존재가 아닌가 싶습니다만.

그대는 생각을 자기라고 여기는 그런 분위기 속에서 계속해서 살아왔기에 지금 제 말을 이해는 하면서도 쉽게 받아들이기 어려운 것입니다.

당신이 아는 당신이란 존재는 사실은 생각 속에만 있는 존재이며, 그래서 언어 속의 허상적인 존재일 뿐입니다.

당신은 언어 밖에서는 홀로 존재할 수가 없습니다. 당신이 여태까지 자기라고 인정해온 〈나〉는 사실은 이렇게 죽어 있는 존재에 불과합니다. 왜냐하면 아무런 생각이 없을 때 그러한 그대는 스스로 존재조차 못하니까요.

당신이 언제 태어났는지 아십니까?

당신이 이 육체를 자기라고 여긴다면 당신은 세상에서 통용되고 있는 생년월일을 얘기하겠지만, 사실은 당신이 태어난 것은 당신이 언어를 배운 후 그 언어 속에서 자기라는 개념을 만들고 자기 안에 〈나〉라는 그 개념을 익숙하게 존재하게 만든 때부터입니다.

갓난아기였을 때 당신에게는 〈나〉라는 생각이 없었습니다.

당신이 어렸을 때도 당신은 그다지 이 개념에 친숙하지 못했습니다. 그래서 그때의 그대는 실존적일 수 있었고, 그래서 그대는 아무런 것의 도움 없이도 혼자 스스로 행복할 수 있었던 것입니다.

당신이 이 개념에 친숙하게 된 때는 당신이 주변 사람들로부터 〈나〉를 잘 다루지 못하고 남의 말들을 잘 듣지 않으면 이 사회에서 실패하거나 소외당하는 괴로움을 당할 것이라는 협박에 가까운 가르침(?)을 들을 때부터입니다. 이때가 바로 우리에게 원죄와 무명이 시작하는 때이기도 합니다.

  즉, 내가 아는 〈나〉는 내가 나라는 생각을 하기 시작한 때와 함께 시작된 것입니다. 그러므로 그대가 아는 〈나〉란 바로 그대의 생각과 기억이 만든 이야기에 불과합니다. 그대는 지금 자신과 주변이 같이 만들어낸 이야기라는 환상 속에 갇혀 있는 것입니다.

  뿐만 아닙니다.
  생각은 모순과 모든 문제들을 만들어냅니다.
  생각이 없을 때 모든 문제는 사라집니다.
  그대가 깊은 잠을 자거나 명상을 할 때 거기에 삶 속의 큰 문제가 여전히 존재하거나 풀리지 않는 모순이 계속 남아 있던가요?
  아닙니다.
  하지만 우리는 자기의 생각에 의해서 너무나 많은 구속과 고통을 당하면서도 이 명백한 진실에 깨어나질 못합니다.

  여기 아래에 그러한 상담사례를 소개해보겠습니다.
  어떤 중년의 우울증 환자와의 대화입니다.

  (환자) 나는 삶 자체가 싫습니다.
  모든 게 무의미하고 사는 것도 힘들고요, 숨 쉬는 것 자체가 무거워요.

가족이나 주변 사람들도 왜들 저렇게 아등바등하며 사는지 모르겠습니다.

사람들은 다들 남에게 잘 보이려고 애쓰면서 사는 것 같아요.

그래봤자 결국은 밥 먹고 똥 누고 떠들다가 가는 게 인생인데, 진짜 별거 아닌데 말이지요.

저에겐 사는 낙이 없기에 삶을 열심히 잘 살아야만 한다는 이유도 없어요.

(상대) 삶이 왜 무의미하다고 생각하지요?

그리고 그러한 생각은 모든 사람이 다 그렇게 생각하는 절대적으로 옳은 명제일까요?

(환자) 그건 아니지요. 제가 그렇게 볼 뿐이지요. 하지만 남들이 왜 저리 즐겁다거나 정신 없이들 사는지 저는 정말 이해가 안 돼요. 다들 너무 어리석어 보여요.

(상대) 지금 당신은 스스로도 〈내가 그렇게 본다〉고 말했습니다. 당신이 그렇게 본다는 것은 당신이 삶을 그렇게 부정적으로 〈생각한다〉는 말입니다. 당신의 말들을 요약해보면 이렇습니다.

"나는 삶이 무의미하다고 생각합니다.

나는 남들이 다 어리석다고 생각합니다.

나는 사람들이 다 별 볼일 없이 사소한 것에 매달리며 산다고 생각합니다.

　나는 삶이 정말 보잘것없는 시시한 것이라고 생각합니다."

　자, 아시겠습니까?
　당신은 하나의 어떤 방향으로만 자꾸 〈생각〉하는 겁니다.
　당신은 지금 〈우울〉이란 관점을 가진 생각 속에서 삶을 보고 있어요.
　당신은 한 가지 생각에 너무 강하게 붙들려 있습니다.

　(환자) 그렇습니다. 그건 인정해요. 하지만 내 삶이 나를 그렇게 만들었습니다.
　(상대) 당신은 실제적인 당신의 삶을 마주보고 있는 게 아니에요. 당신은 〈삶은 시시하다〉는 삶에 대한 자기의 해석들(생각)만을 대하고 있어요. 당신은 지금 〈삶은 시시하다〉는 이야기를 만들고 그 속에 빠져 있습니다. 그런 이야기에게 당신은 너무 많은 관심과 에너지를 지불했습니다. 그래서 이런 생각들이 지금 그대에게 와서 힘을 쓰고 있는 겁니다.

　(환자) 하지만 이건 제게는 너무나 리얼한 현실이거든요. 하루 종일 세상이 다 그렇게만 보입니다. 아무리 아니라고 생각해도 그런 생각들은 제게 별로 힘이 안 됩니다.
　(상대) 당신은 생각하기에 중독되어 있습니다. 저는 이것이다라는

생각, 혹은 아니란 생각을 하시란 게 아닙니다. 저는 다만 그 생각을 붙들고 있기 이전의 당신은 누구인가를 느껴보시란 거예요. 생각하지 말고 스스로의 존재를 깊이 가슴으로 느껴보세요.

생각을 하지 않는 깊은 잠 속에서나 커피를 마시며 그 향에 취해 있을 때 당신은 우울하지 않습니다. 오로지 당신이 생각할 때만 당신은 우울합니다.

저는 이런 당신의 존재방식을 자각하고 그 존재방식을 잠깐 떠나 있어 보자는 겁니다.

(환자) 생각을 안 한다…… 그럼 그때 나는 뭐죠? 아무것도 아니지 않은가요?

(상대) 때로는 아무것도 아닌 〈나〉가 참 좋고 편안합니다. 왜 꼭 우리가 매 순간 무엇이어야만 하지요? 아무것도 아닐 때라도 우리는 분명히 존재합니다.

단 한 번, 단 한 순간만이라도 아무것도 아닌 것으로 존재해보세요.

(환자) 그건 그러네요. 그런 생각은 안 해봤어요. 내가 아무것도 아닐 수 있다는 건…….

(상대) 그렇기 때문에 당신은 〈생각하기〉에 중독된 것입니다. 본래의 우리는 생각 속에 갇힌 존재가 아니라 생각하기 이전과 이후의 존재입니다. 그런데 그런 우리가 특정한 생각과 감정 속에 갇혔기에

괴롭고 우울해지는 것입니다.

지금 당신은 〈세상은 이렇다〉라는 자기 생각의 상자(box) 안에 갇혀 있습니다. 그런 자기를 자각하고 깨어나야 합니다. 당신이 스스로 그렇게 하려고 결정한다면 당신은 이 증세에서 벗어나실 수 있습니다. 당신은 자기의 진짜 본래 모습이 생각이 아니란 것을 알아차려야 합니다.

위 상담사례에서 볼 수 있듯이, 우리는 삶 속에서 수많은 생각을 하면서 살다 보니 자기도 모르는 사이에 자기라는 상념(이것을 아상(我相)이라고 합니다)과 자기의 삶이란 것이 명백하게 실재한다는 생각들을 만들어 갖게 됩니다.
이런 자기 생각에 마취되는 게 일반인들의 삶입니다.
하지만 영적으로 깨어난 존재들은 이런 우리의 함정을 잘 알지요. 불교에도 깨달음을 위해 공부하는 1,700개가 넘는 화두공안들이 있는데, 이것들 역시 생각 속에서 우리가 그것들을 진정성을 갖고 받아들일 때만 우리에게 알쏭달쏭한 의문을 갖게 하며 그 위력을 발휘합니다.

그러나 우리가 그것들을 무시하거나 아무런 생각을 하지 않을 때, 그 화두공안들은 더 이상 우리에게 큰 궁금증을 가져다주는 풀어야만 할 지상 최대의 문제가 되지 않습니다. 그러므로 결국은 이런 수행 방법들 역시 생각 속에 우리가 갇혀 있음을 직시하여 그 생각을 하기 이전 자리인 본성자리에 우리가 깨어나게 해주는 수행방법들인 셈입니다.

모든 나를 지배하는 생각들로부터 깨어나 자유스러운 존재. 바로 이것이 화두공안 수행법이 우리에게 가르쳐주려는 목표인 것입니다.

우리가 아는 우리는 생각을 떠나서는 존재할 수 없습니다.
당신이 〈나〉란 생각을 단 하루만 안 해보세요.
당신은 모든 게 다 정지되어버리는 느낌 속에 들어갈 것입니다.
이렇게 우리는 언어 속에 갇힌 존재들입니다.
우리에겐 모든 것이 다 언어에 의해서만 나타납니다.
언어에 의해서만 기록되고 저장됩니다.

세상에서는 어떤 대상에 대해 언어로 시비분별을 잘하는 이가 머리 좋은 사람이며 똑똑한 사람입니다. 하지만 우리는 이렇게 언어에 길들어져버린 채 헤어 나오지 못하는 존재들입니다. 아니, 우리가 언어 속에 갇힌 게 아니라 우리 자체가 언어 속의 개념적인 존재 자체라는 표현이 더 정확한 표현입니다.

이렇게 우리가 우리의 정체를 자각해 들어갈 때 우리에겐 참으로 놀라운 일이 일어나기 시작합니다. 그것은 모든 생각의 흐름이 멈추며 동시에 생각의 이전자리인 실존적 존재가 드러나는 것입니다.

이제 그렇게 함으로써 당신은 생각의 유무(有無)와 상관없는 그 이전에 있는 자신의 실존적 실체를 자각하기 시작하는 것입니다.
　당신은 만들어진 생각이 아니며 그 생각에 힘과 에너지를 주는 존재입니다.
　당신은 피조물인 어떤 생각이 아니라 그 생각을 창조하는 자입니다.
　그러므로 이제는 스스로에 대해서 깨어나세요.

　나는 모든 생각을 창조하는 창조자이다!
　이것이 생각존에서 제가 말하고자 하는 두 번째 핵심입니다.

chapter.03

감정존(Emotion Zone)

감정이 만드는 모든 고통은 필수가 아니라,
단지 내가 선택한 것일 뿐이다.

생각존을 통해서 저는 생각이 내가 아니라 나의 피조물임을 자각했습니다.

이제부터는 제게 떠오르는 모든 생각으로부터 상당히 자유스러워질 것 같아서 기분이 좋습니다. 그렇다면 감정도 역시 그러하겠네요. 여태까지는 삶을 살면서 고통스러운 감정을 느끼는 것은 피할 수 없는 필수적인 일이라고 여겼는데, 이제는 그것 역시 내게는 선택사항이 될 거라는 예감이 듭니다.

아주 정확하고도 예리하게 보셨습니다.

감정은 항상 생각과 같이 다니는 생각의 파트너입니다. 생각은 우리에게 〈이유〉를 제공하고, 감정은 그 이유를 붙들고 적당한 존재방식을 표출하는데, 예를 든다면 감정적으로 화를 내거나 슬퍼하거나 혹은 기뻐하지요.

그래서 감정은 우리의 존재방식의 하나가 됩니다.

당신이 괜찮으시다면 우리 함께 이것을 실생활 속에서 있었던 일에 대하여 한번 적용·실습해봅시다.

(질문) 최근 당신에게 가장 괴로운 일은 무엇인가요?
(답변) 가장 친한 회사동료와 싸우고 사이가 멀어지게 된 일이에요.

(질문) 무슨 일이 일어났나요?
(답변) 내가 어떤 회의에서 중요한 의견발표를 했습니다. 사장님이 계셨기 때문에 나로서는 인정받을 수 있는 굉장히 중요한 기회였어요. 그런데 동석한 그 친구가 내 의견에 대해서 찬성하지 않고 반대의견을 내놨어요. 뚜렷한 이유나 근거도 없이. 믿는 친구였는데 나로선 충격이었습니다.

(질문) 그래서 싸웠군요?
(답변) 예, 나중에 어떻게 그 자리에서 그럴 수 있냐고 제가 섭섭하다 말했습니다. 그런데 그 친구는 업무적인 걸 갖고 뭘 그러냐면서 제가 합리적이지 못하다는 반응까지 보이더라고요. 사과할 줄 알

았는데 더 화가 났습니다. 그래서 그 사건 이후에 그 친구와는 단 한 마디도 안 하고 지내고 있습니다.

(질문) 알겠습니다. 그러면 제가 한번 여쭤볼게요. 당신은 지금 자기 자신이 무엇에 대해 화가 났다고 판단하시는 거지요?

(답변) 그 친구의 태도지요. 중요한 회의에서 친구에게 뚜렷한 근거도 없이 반대를 하고 나중에 사과도 안 하는 그런 태도요.

(질문) 아닙니다. 당신이 화가 난 것은 그가 그래서가 아닙니다. 당신이 화가 난 것은 〈그는 그래서는 안 된다〉는 당신의 생각을 붙들고 있기 때문입니다. 그 생각이 이유가 되었고, 그 이유는 당신에게 이제 화라는 감정을 만들게 하고 있습니다. 당신은 스스로 자기 생각이라는 회로를 돌리면서 감정이란 열까지 내고 있는 겁니다.

(답변) 예, 맞아요. 하지만 그가 동기를 제공했잖아요?

(질문) 정말로 그럴까요? 친구가 그러면 누구나 다 화를 내야 하나요? 그것은 정해진 법칙이며 누구도 예외가 될 수 없는 불변의 진리인가요?

(답변) (망설임과 침묵 후) 그건 아니지요.

(질문) 그렇다면 왜 당신은 〈그가 동기를 제공했다〉라고 다시 또

그런 불평불만을 만드는 생각을 하고 그것을 다시 붙들고 있나요?

　그런 생각을 하는 것은 좋습니다. 누구든 생각 없이 살 순 없으니까요. 하지만 왜 잠시 지나가는 그 생각에 당신이 유독 집착하느냐 이 말입니다.

　(답변) 듣고 보니까…… 그러네요. 결국은 그 사실이 저를 화나게 한 게 아니라 제가 그런 생각을 붙들면서 화가 난 거군요. 스스로에 대해 깨어 있지 못한 채 한 생각에 집착하는 그런 자세가 저를 화나게 했네요. 일깨워주셔서 감사합니다.

　(질문) 천만에요. 잘 이해해주시니 오히려 제가 감사합니다. 이제 당신은 스스로 만든 이유가 감정을 촉발하는 과정에서 깨어나 유유하게 그 과정을 벗어나올 수 있을 겁니다.

　이상에서 살펴본 바와 같이 우리에게 감정은 진정한 우리가 아닙니다. 그것은 단지 우리가 그렇게 반응하기로 선택하는 과정에 지나지 않습니다. 우리는 삶을 살면서 정신적인 고통을 피할 수 없는 것이라고 여겨왔습니다. 하지만 우리가 만든 생각들은 우리가 아니며, 더욱이 그 생각이 제공한 이유를 가지고 그것에 집착하면서 화를 내거나 슬퍼하는 것은 우리의 선택사항일 뿐입니다.

　감정이 만드는 고통은 삶 속에서 필수가 아니라 선택사항이란 말입니다.

이제 당신이 이런 과정에 눈을 뜨셨다면 당신은 더 이상 생각에 집착하지 않을 수 있습니다. 생각에 집착하지 않는다면 생각은 그저 단순히 잠시 지나가는 생각일 뿐입니다. 그리고 당신은 그것을 더 이상 이유 삼아 화를 내거나 슬퍼하지 않을 수 있게 됩니다. 당신은 이런 내적인 과정에 눈뜸으로써 스스로의 생각과 감정으로부터 자유를 얻게 되는 것입니다.

사람은 모두 다 주변 사람들에 대하여 은행 잔고통장과 같은 감정 계좌를 가지고 있습니다. 어떤 사람에겐 기분 좋은(+) 상태이지만 다른 사람에겐 기분 나쁜(-) 상태일 수 있습니다. 그러나 그 기분 나쁜 관계라는 것도 자세히 들여다보면 이렇게 당신이 스스로 생각으로 어떤 이유를 설정하고 그것에 유난히 강하게 집착하고 있는 것을 발견할 수가 있습니다.

모든 감정은 이렇게 당신이 스스로 만들고 있는 것입니다. 즉, 당신은 당신의 감정에 대하여 스스로 창조주(the Creator)인 셈입니다.

이제 이런 비밀을 자각하셨다면 지금 당장 마음속의 모든 마이너스(-) 감정계좌들을 없애십시오. 그리고 용기를 가지고 행동함으로써 그들과 당장 화해하고 관계를 복원하십시오. 그렇지 않으면 당신은 여전히 〈그래도 창피하게 어떻게 내가 먼저 하나?〉 하는 생각을 다시 붙들고 집착하고 있는 셈입니다.

당신이 그러한 행동을 하지 말아야 할 다른 어떤 이유를 갖고 있다면 과연 그것이 진정으로 가치가 있는 것인지 아니면 당신이 만든 또 하나의 핑계거리인지를 분명히 하십시오.

당신은 아직 당신에게 떠오르는 생각을 마음대로 조종할 순 없지만, 그 생각에 집착하지 않음으로써 당신에게 일어나는 감정을 조절하거나 없앨 수는 있습니다. 이런 점에서 당신은 스스로에게 일어나는 모든 감정의 요리사(the Cook)이며 주인입니다. 이것을 이해하고 실천하는 당신은 이제 자신의 생각과 감정으로부터 자유롭습니다.

당신은 본래 이러한 존재였습니다. 이제 당신은 본래의 자기로 회복되고 있는 겁니다.

이제 당신의 회복을 축하합니다.

chapter.04

휴먼존(Human Zone)

우리는 관계 속에 존재한다.
하지만 모든 관계는 그것을 바라보는 관점만 바꾸면
모두 변하게 된다.
그러므로 모든 관계는 고정된 게 아니라
창조의 과정 속에 살아 움직이고 있다.

놀랍네요. 그리고 내가 그동안 이렇게나 나 자신에 대해 깨어 있지 못했다는 사실이 부끄럽습니다.

저는 그동안 세상을 좋은 사람과 나쁜 사람으로 분류해서 좋은 사람과 만날 땐 좋아했고 아닌 사람과 접할 땐 다소 경계해왔는데, 이젠 그런 단순한 이분법적 사고로 사람들을 대하지 않을 수 있을 것 같습니다.

그들이 그렇다는 것은 결국은 다 제가 만든 생각에 집착하는 것에 불과하니까요. 사람들과의 관계에서 이젠 종전보다 더 많이 자유스러워질 수 있을 것 같습니다.

그 외에도 내가 관계 속에서 깨어나는 더 좋은 방법이 또 있나요?

아주 좋습니다.

제가 우리의 인간관계를 다루는 휴먼존에서 말하고자 하는 것은 〈삶은 많은 사람들 속에서의 관계〉이기 때문에 우리가 관계 속에서 우리의 정체성(나라는 사실관계)을 자주 확인한다는 것입니다. 하지만 바로 또한 그렇게 하기에 우리는 우리가 아는 자기(과거의 관계) 속에서 벗어나지 못합니다.

즉, 우리는 하나의 정해진 입장 속에만 갇혀 있는 존재가 아니건만 사람들은 꼭 하나의 정해진 입장과 관점만을 유지하며 그 속에서만 자기를 확인하려 듭니다. 그리고 바로 여기에서 수많은 문제가 나타나고 그 결과 우리는 마음의 고통을 받는 것입니다.

이제 이것을 좀 더 깊이 잘 이해하기 위하여 아래의 대화를 통해 〈관계〉에 대해 살펴봅시다.

(질문) 당신은 당신의 가족이란 관계 속에서 어떤 상처가 있었나요?

(답변) 저희는 남자만 셋인 삼형제였습니다. 그런데 아버지는 둘째인 저만 미워했어요. 저는 어려서부터 병약했고 보시다시피 한쪽 다리가 소아마비로 불편한 불구입니다. 아버지는 아마도 저를 태어나지 말았어야 할 자식이라고 생각했을 겁니다. 형과 동생은 얼굴도

잘생기고 공부도 잘했는데, 저는 공부도 못하고 몸도 불편한 존재로 사실 집안의 창피였으니까요.

(질문) 잠깐, 잠깐만요. 당신의 생각이 어떻게 어디까지 흘러가든지 간에 당신의 생각과 자기를 동일시하지 맙시다. 생각은 자유이지만 그것에 사로잡히거나 붙잡힐 필요는 없습니다.

(답변) 저는 그런 아버지의 언행을 많이 보고 들었습니다. 이것은 제 기억 속에 명백하게 살아 있는 분명한 사실이에요.

(질문) 좋습니다. 그렇다면 이제 관점을 바꾸어봅시다. 이 말은 당신이 관계라는 것을 보다 더 깊이 이해하기 위해서는 우리가 가족 구성원 중 다른 사람의 입장과 관점에 서볼 필요도 있다는 것입니다. 당신의 어머니가 당신을 대하는 태도는 어땠나요?

(답변) 어머닌 저를 제일 아껴주셨지요. 형과 동생에 비해 여러모로 부족한 존재였으니까요. 어머닌 그게 가슴에 걸리셨나 봐요. 저를 위해 많이 희생하셨고 가끔은 저를 안고 우셨습니다. 어머님만 생각하면 저도 마음이 아픕니다.

(질문) 좋습니다. 당신은 지금 어머니가 당신을 바라보는 입장과 관점에 서 있습니다. 이제 편의를 위하여 당신이 당신 스스로를 바라보는 것을 1번 관점, 그리고 어머니가 당신을 바라보는 것을 2번

관점이라 합시다. 그렇다면 당신 가족 전체가 당신을 바라다 볼 때 당신은 어떻게 보였을까요? 예컨대 형이나 동생까지 포함해서 전체적으로 볼 때 객관적인 당신의 모습이랄까요?

(답변) 아무래도 좀 약하고 부족한 모습으로 비쳐졌겠죠. 가족 전체에게도 짐이 되었고요. 사실 저 때문에 가족이 어디 잘 놀러 가지도 못했으니까요. 모두가 크든 작든 간에 제 불구에 대해 신경을 쓰긴 했지요. 사실 형의 약혼식 때도 제가 나가니까 형수 되실 분 가족들이 좀 표정이 어두워지긴 하더군요.

(질문) 그것이 아마도 아버지의 관점이 아니었을까요? 아버지는 항상 가족 전체를 대표하고 가족 전체로 생각하시니까요. 뭔가 우리 가족에겐 상처가 있다. 그것은 바로 둘째의 불구와 나약함이다. 그래서 아버지는 당신을 대할 때마다 화가 나시거나 걱정으로 표정이 어두워지신 게 아닐까요?

(답변) 음…… 그런 관점에선 별로 생각 안 해봤는데요. 그럴 수도 있겠네요. 아버진 우리 가족이 어디 갈 때마다 저 때문에 남들보다 매사에 늦어질 수밖에 없는 사실에 대해 어머님께 짜증을 많이 내시곤 했어요. 저한테보다는. 하지만 저는 그게 더 싫었지요.

(질문) 이제 가족 전체의 입장에서 당신을 바라다보는 관점을 3번 관점이라 해봅시다. 그리고 아버지가 그 관점을 가지고 계셨다고 보

면 어때요? 아버지의 언행이 약간이라도 더 잘 이해가 되나요?

(답변) 조금은 그러네요. 사실 가족을 대표하는 아버지로서도 제가 불구란 사실은 기분 좋은 일은 아니죠. 저는 가족 전체의 상처이고 원죄 같은 존재였으니까요. 그걸 보수적이고 권위적이신 아버지는 그렇게 푸셨는지도 모르겠네요.

(질문) 좋습니다. 이제 그러면 아버지가 당신에게 그런 자기의 언행이 다 현명함이 부족했던 탓이고 좀 더 잘 대해줄 수 있었는데 미안하다고 깊은 사과와 위로를 했다고 가정해봅시다. 그렇게 된다면 아버지로부터 입은 당신의 상처는 치유가 될까요?

(답변) 그럼요. 그렇게만 된다면야. 하지만 우리 아버진 그럴 분이 아니에요. 얼마나 고집이 세고 완고하신 분인데요. 저에게 사과라니, 상상할 수도 없는 일이에요. 그건 일어날 수가 없는 일이에요.

(질문) 저는 지금 당신의 아버지를 바꾸려는 게 아니라 당신의 관점을 바꾸려는 것입니다. 그리고 모든 있을 수 있는 다양한 관점 속에서 우리는 바람직한 관점을 찾아내어 그 관점을 통해 우리의 관계를 미래를 향해 개선해나가려는 것이지요.
제 생각을 알고 끝까지 따라와 주시겠지요?
그러면 이제 이러한 상처가 다 잊히고 치유된 관점을 4번 관점이라 합시다. 이제 4번 관점에서 당신을 바라본다면 아버지나 가족과의 관계가 어떨까요?

(답변) 모든 게 정말 훨씬 더 좋아지겠지요. 형제간에도 더욱 우애가 깊어질 거고.

(질문) 그렇다면 왜 당신은 4번 관점을 당신이 먼저 취하지 못하나요? 누가 가로막고 있는 것도 아닌데 말입니다. 당신이 먼저 그런 관점(이것도 하나의 생각일 뿐입니다) 하나만을 취함으로 해서 모든 이가 다 좋아지지 않습니까?

(답변) 하지만 그것은 제 상상일 뿐이잖아요? 그건 실제로 일어난 일이 아니라고요. 왜 그래야 하지요?

(질문) 그렇다면 당신은 지금 아버지가 당신에게 먼저 사과해야만 당신 가족이 더 행복해질 수 있다고 아버지에게 모든 책임을 전가하고 있는 겁니다. 왜 당신이 그런 상상을 하고 그것을 실현하려고 먼저 노력하면 안 되나요? 당신 역시 당신 가족의 보다 더 나은 행복을 만들어야 할 책임이 있는 가족의 한 구성원이지 않습니까? 그것을 위하여 스스로에게 좋은 방향으로 상상하는 것조차 허락할 수 없나요?

(답변) 음, 그게…… 그렇게까지는 생각 안 해봤어요. 그럴 수도 있겠군요. 이제 아버지도 연로하시니까. 제가 자식 된 도리로서 먼저 그런 시도를 해볼 수도 있겠네요. 용기가 좀 필요하긴 하지만.

(질문) 좋아요. 이제 당신은 4번 관점을 이해했습니다. 더 나아가 당신은 이 모든 것이 일어나지 않은 관점, 즉 당신이 불구가 아니라는 관점 혹은 불구라도 전혀 상관이 없다는 관점(이것은 당신이 스스로 자기를 정신적으로 치유하고 난 이후의 관점이 될 터인데)도 가질 수가 있어요. 저는 이것을 5번 관점이라고 부르겠습니다. 당신은 스스로 이 5번 관점을 가지고 살 수도 있습니다. 더 나아가서는 그보다 더 크고 높은 관점도 가질 수 있고요. 예컨대 하나님은 당신에게 특별한 상처를 주심을 통해서 당신을 정신적으로 더욱더 성장시키려 했다는 관점 같은 것…… 이것을 6번 관점으로 말할 수도 있지요.

(답변) 정말이지 그런 것까진 생각도 못 해봤어요. 그럴 수도 있겠군요. 그렇게 관점을 바꾸니까 제 앞에 나타나는 세상이 달라지네요.

(질문) 마음에서 생긴 모든 문제들은 마음을 간단히 바꾸는 것만으로 다 해결될 수 있습니다. 이것은 모든 관계는 그것을 바라보는 관점에 따라 변한다는 진실을 말해줍니다.

이상에서 보시듯이 주변 사람들과의 관계는 우리가 그것을 어떤 관점을 가지고 만들어 가느냐에 따라 전혀 새로운 관계가 창조될 수도 있고, 평생이 다 가도록 한 가지로 고정된 과거의 관점 속에서 변함이 없을 수도 있습니다.

우리는 이렇게 다양한 변화와 확장이 가능한 마음을 가지고도 마치 그것이 바뀌거나 변하면 안 되는 일인 양 과거의 연장선 속에서만 사는 존재이길 고집할 때가 너무나도 많습니다. 제 주변에도 그렇게 사는 사람들 투성이이지요.

그렇지만 과연 우리의 마음이 이렇게 하나의 관점에만 빠진 작고 고정된 존재이겠습니까? 우리는 이렇게 휴먼존에서 우리가 일시적으로 만들어 가진 관점이나 입장이 본래 내가 아니며 다만 잠시 내가 만들어 쓰는 마음의 상태임을 자각하고 깨어나게 되는 것입니다.

나는 과거의 연장선상에서 〈내가 나라고 여긴 어떤 관점의 결과물〉일 뿐 실제로 이렇게 고정된 나는 존재하지 않습니다.

그래서 내가 본래 〈자유〉라는 것입니다.

휴먼존은 인간관계 속에서 우리가 알던 과거의 나로부터 나 자신을 해방시켜주는 명상법입니다. 단지 〈관점 바꾸기〉 하나만을 통해서 너무나도 쉽고 간결하게 말입니다.

chapter.05

감각존(Sense Zone)

모든 감각은 진실이 아니라 세상을 받아들이는
나의 존재방식이다.

내 안에 이렇게 다양한 존재방식이 있을 수 있는지 미처 몰랐습니다. 저는 그저 과거가 내게 가르쳐준 존재방식만이 전부인줄 알며 살아왔지요. 아마 대부분의 사람들이 그렇게 자기의 존재영역 안에 갇혀 살 겁니다.

이제 새로운 나를 만나고 열어갈 수 있는 이러한 방법들에 대해 큰 기대감이 생깁니다. 감각적으로도 마찬가지로 내가 새롭게 바뀌고 의식이 확장되는 것이 가능한가요? 그렇다면 삶이 매 순간 새롭고, 그렇게 사는 삶은 대단히 즐거울 것이라고 생각됩니다.

감각의 영역이 과거와 달리 매 순간 새로워질 때, 우리는 참으로 신비스럽고 새로운 삶을 활기차게 살아갈 수가 있습니다. 그리고 여기 그런 감각에 눈을 뜨는 비결이 있습니다. 성경에도 보면 어떤 진실에 대해 〈눈이 있는 자는 보고, 들을 귀가 있는 자는 들을 것〉이라는 말씀이 있습니다.

우리가 사는 이 우주는 사실 있는 그대로 실상세계를 보여주고 있건만, 우리가 눈에 보이는 형상과 개념에 빠져서 살다 보니 깊게 보는 눈이 없어 우주의 신비를 보지 못하며, 들을 능력이 있는 귀가 없기에 법계(法界)의 소리를 듣지 못하는 것입니다.

그래서 불교의 중요한 경전인 금강경에서도 〈若見諸相非相이면 卽見如來(만약 모든 형상을 그것만으로 보지 아니하면 그 속에서 부처를 본다)〉라고 말씀하시고 있는 것입니다.

예컨대 물을 하나 예로 들어봅시다.

우리는 형상에 빠져 있기에 물과 얼음(눈이나 서리도 마찬가지다) 그리고 수증기를 각기 다른 것으로 봅니다. 하지만 이것들의 본질은 어디까지나 H_2O로서 동일합니다. 본질적으론 같지만 조건과 환경에 따라 그 모습을 달리해서 나타나는 것입니다. 수증기도 분명히 대기 중에 분포되어 있는 것이지만, 우리는 우리의 일상적인 삶 속에서는 보통 없는 것으로 간주하고 살지 않습니까.

개념에 빠져 본질을 보지 못하고 사는 예로는 간단한 예로서 책

(冊)을 들 수가 있습니다. 우리는 책을 보면 그냥 생각으로 '책이군.' 하고 지나가지만 사실 책이란 이름은 우리가 만든 개념에 불과한 것으로서 실상이 아닙니다. 책이란 이름은 우리가 종이라는 재료로 만들어진 일정한 형상을 가진 것에다 붙이기로 약속한 개념에 불과하다는 말이지요. 하지만 종이란 것 자체가 또한 하나의 개념입니다.

왜냐하면 세상엔 본래 종이란 것이 없었고, 이 역시 우리가 나무껍질들을 이용해 펄프를 만든 후 그 펄프로부터 만들어낸 합성품이기 때문입니다.

그래서 책은 사실은 나무가 특별하게 변해서 된 것입니다.

그런데 이 나무란 것이 또한 어떠한 것인가 하면 본래 스스로 존재한 것이 아니요, 이 자연우주의 일정한 시공간 속에서 일정한 온도와 양분, 그리고 대사활동을 통해 성장한 우주의 산물입니다. 이렇게 본다면 결국 책이란 우리가 형상에 매인 결과 바라보는 모습이지, 책 속엔 결국 대자연우주가 그대로 시공간까지도 응축되어 포함된 채 담겨 있는 것입니다.

그래서 깨어난 존재는 그 눈에 이런 모든 형상 너머의 이치와 섭리가 시공간까지를 포함하여 다 보이기 시작하는 것입니다. 그러니 사물 하나를 보더라도 그 시작과 끝이 다 보이기 마련이고, 그러므로 그는 인과법이나 연기법에 스스로 물리가 트여서 점점 더 밝아지는 지혜의 눈을 갖게 됩니다.

　우리가 이렇게 우리의 여섯 가지 감각(눈, 코, 귀, 입, 피부, 의식)도구에 깨어나면 우리에게 나타나는 세계는 전혀 다른 세계가 됩니다. 즉, 대다수의 보통 사람은 실상을 보고 사는 게 아니라 우리가 만든 마음과 개념세계 속에 갇혀서 그것만을 보면서 사는 것입니다.

　이는 소리에 대해서도 마찬가지입니다.
　여기서 만약 제가 징을 쳐서 징소리를 낸다 합시다. 그러면 여러분은 징소리를 듣는다고 또 개념에 빠져 그 관념을 통한 왜곡된 소리만을 들을 것입니다. 하지만 실상은 그게 징소리만이 아닙니다. 왜냐하면 징의 원래 재질은 주석이라는 합금인데 이는 우리가 우주 자연에서 얻어낸 하나의 합성물이기 때문입니다.

　이 역시 지구가 장구한 세월을 품다가 스스로의 살을 일부 떼어내 주어 그것이 불 속에서 제련되고 분리 정제되어 나타난 것이 곧 주석입니다. 그러니 이 금속이란 것은 곧 지구의 뼈이며 골수라고도 할 수 있습니다.
　그것이 일정한 조건을 만나 소리를 냅니다. 그 소리는 또한 대기 속의 공기의 작용 없이는 울릴 수가 없습니다. 결국 이 징소리 하나 속에도 전우주가 동시에 참여하고 살아서 움직이고 있는 것입니다.
　그러므로 이것을 들 때 '징소리네.' 하고 개념을 따라갈 것이 아니라 이것이 곧 살아 있는 우주의 법음(法音)임을 자각해야 합니다.

 당신이 제아무리 깨달음에 대해서 기막힌 말을 할 수 있다 치더라도 이런 살아 있는 이치를 모르고 개념 속에서 진리를 탐구하고 머리로만 도를 닦고 있다면, 당신은 실상은 모르는 채 우리 인간들이 만든 〈진리탐구방법〉에 대한 생각이라는 허상세계 속에 다시 빠져 있는 것입니다.
 우리가 진정한 구원을 얻고 깨어나기 위해서는 이렇게 생각 위주의 개념과 고정관념에 갇힌 우리의 감각을 깨워내야만 합니다.

 이것을 식스존 중 감각존 명상이라 하며, 과거 내 생각에 입각하여 생겨난 모든 구태의연한 감각을 다시 버리고 새로운 감각을 가진 전체적이고도 통합적인 존재로 거듭나는 명상법입니다.
 우리는 어렸을 때 세상의 모든 것을 다 신비스럽고 경이롭게 보고 들었습니다. 하지만 이제 우리는 모두 다 〈안다(I know it) 병〉에 걸려 있습니다. 하지만 그 〈안다〉라는 것의 정체가 대체 무엇입니까? 우리는 모든 것을 다 과거 우리가 이해하고 알던 방식으로만 이해하고 받아들입니다. 우리는 세상에 대해 새로워하거나 궁금한 것 없이 다 알고 편안해졌지만 동시에 이렇게 우울하고 지루해졌습니다.

 이제 모든 것에 대해 과거의 정보로서 다 분리 작업할 만반의 준

비가 되어 있는 우리는 이제 지금 이 순간(NOW) 속의 놀라운 신비와 경이로움에 대하여 충분히 깨어 있을 수 없게 되었습니다.

우리는 너무나 많은 정보와 생각, 감정 등에 휩싸여 매 순간순간을 있는 그대로 맞이하지 못하기 때문입니다. 우리는 이제 어떤 미세한 감각 하나만 느껴도 그에 대하여 순수하게 깨어 있는 채로 맞이하지 못한 채 조금 전의 이야기 속에 그것을 잡아끌어 넣거나 지금 나를 지배하는 어떤 존재방식 안에서만 그것을 대합니다.

이러한 나의 존재방식에서 벗어나 내 삶의 상세한 모든 순간들 속에서 우주의 놀라운 섭리와 새로움을 맞이하려면, 이제 내가 매 순간 나에게서 일어나는 모든 감각현상들에 대해 과거의 습관에 의해 그것들을 맞이하던 종래의 방식에서 과감히 벗어나야 합니다.

그러려면 마치 술 취한 삶이 깨어나려고 애쓰듯이 나 스스로가 과거마음의 지배 상태로부터 벗어나 매 순간을 첫 경험하듯이 어린이 같은 순수한 마음으로 나를 일깨우고 새롭게 거듭나려고 노력해야 하는 것입니다.

chapter.06

시공간존(Time & Space Zone)

시공간은 몸과 우리의 마음이라는 측면이
서로 만나서 나타나는 감각현상이다.

정말 새로운 세계가 열리는 것 같고 점점 더 흥미가 있어집니다. 여태까지 시공간에 대해서도 이것이 실제가 아니란 말은 자주 들어왔지만, 사실은 그 말이 그렇게 실감이 나진 않습니다. 왜냐하면 우리가 살고 있는 이 시공간은 너무나 절대적으로 우리에게 영향을 미치고 있다는 것을 부정할 수가 없기 때문입니다.

이 무한하게 벌어져 있는 절대적인 시공간은 대체 우리에게 어떤 존재일까요?

먼저 시간의 특성에 대해 한번 살펴봅시다.

시간이 영원하다는 말은 존재가 영원하다는 말입니다. 왜냐하면 시간은 그를 측정 인식하는 존재 없이는 홀로 존재하지 않는 것이기 때문입니다. 즉, 시간이란 본래가 우리 마음활동에 불과한 것입니다.

우리는 일상 속에서 시간이 빠르거나 혹은 반대로 아주 늦게 흐르는 것을 느낄 때가 자주 있습니다. 이것은 시간이 상대적인 존재임을 말해주는 것입니다. 비단 아인슈타인의 상대성원리 속에서 시간이 휘어져서 늦게 흐르는 부분이 있다는 원리를 거론하지 않더라도, 이러한 시간의 상대적 존재성은 이제 물리학의 기초상식이 되었습니다.

만약 먼 훗날 태양도 지구도 사라진다면 그때 가서는 시간을 만드는 기본축이 사라지는데 시간이 무엇을 근거로 해서 존재할 수 있을까요?
결국 시간이란 지금 우리가 살고 있는 이 환경상황에 맞게 만들어진 일시적인 가설임이 이미 먼 공간을 여행하는 우주시대에는 입증되는 것입니다.

시간은 우리가 인식하는 모든 것의 기준이 되는 이 몸과 지구에 관하여 일어나는 모든 〈상황〉의 전개순서이자, 흐름에서 오는 마음의 착각일 뿐입니다.
그래서 깨달은 자에겐 시간이 흐르는 현상처럼은 물론 존재하고 또 느껴지지만, 그것은 마치 강 위를 흐르는 물살과 같이 희미할 뿐입니다. 실제로는 모든 존재를 있게 하는 실재의 배경은 스스로 움직이지 않는 강바닥의 우뚝함 같이 늘 항상 뚜렷하게 인식되며, 스스로 또한 자기가 바로 그것이라서 항상 시간을 초월하여 존재하며 여여합니다.

 다음은 공간 문제입니다.
 공간 역시 우리에게 몸이 있기에 이 몸을 둘러싸고 일어나는 하나의 시각적 관점입니다. 즉, 개체가 자기 몸이 아니라고 여기는 나머지 부분을, 자기 몸이라고 여기는 작은 개체부분 속에서 바라다보는 일시적인 마음의 착각현상인 것입니다.
 하지만 실제로는 마음이나 의식의 차원에서는 다 같이 한 덩어리입니다. 다만 제 마음이 그렇게 〈이것은 나다〉, 〈저것은 아니다〉라는 분별활동을 일으키는 것일 따름이지요.

 공간 역시 이 몸을 나라고 여기는 상황 속에서만 나타나며 존재합니다. 우리가 만약 깊은 기도나 명상 속에서 이 몸을 잊을 때, 그때는 3차원공간은 더 이상 존재하지 않습니다. 또한 마음의 분별감각 때문에 이 3차원공간도 때론 크게, 때론 작게 상대적으로 변화하며 그렇게 느껴집니다.
 공간이 무한하다는 말은 실제로는 우리의 마음과 그것이 일으키는 인식현상이 무한하다는 말입니다. 그래서 사실 공간에는 일정한 크기가 없습니다. 그 어떤 공간이든 다 내가 느끼기에 따라 크고 작은 인식현상이 생겨나는 것입니다.

하지만 만약 내 몸이 없어진다면 그때에도 공간이 홀로 남아 존재할 수 있을까요?
우리의 생각은 그럴 것이라고 상상하지만 사실은 그렇지 않음이 이미 우리의 잠이나 꿈속에서 입증되고 있습니다.
또한 어떤 사람은 높은 데나 넓은 데 가면 두려워하는 반면 다른 사람은 오히려 좁은 데나 동굴 같은 데 들어가면(몸은 충분히 들어갈 만한 공간인데도) 그 작은 것을 못 참아 괴로워하는 것을 주변에서 볼 수가 있는데, 이러한 현상이 바로 마음이 절대적인 크기가 일정하게 정해져 있는 게 아니라 각자의 마음상태와 크기에 따라 다르다는 것을 증명해주는 것이기도 합니다.
이처럼 공간 역시 절대적으로 홀로 따로 존재하는 것이 아닙니다. 모든 공간은 우리의 마음이 창조하는 인식작용의 결과입니다.

시공간은 이렇게 모두 다 상대적인 존재들입니다.
그리고 우리가 우리의 몸을 중심으로 해서 〈내가 이 몸속에 있다〉는 착각을 지속하는 한 이 두 가지 존재의 변수는 앞으로도 변함이 없을 것입니다. 당신은 그 장대함 앞에서 신을 찾고, 스스로의 작고 나약함 속에서 두려워하지요.

하지만 그것은 눈에 보이는 형상에 속은 것뿐입니다.

모든 것은 다 우리 안에 들어 있습니다. 우리 안에 들어 있지 않은 것은 근본적으로 우리가 볼 수 없으며 알 수도 없습니다. 내가 볼 수 있고 느낄 수 있다는 것은 그것이 곧 나의 의식이 인식하는 내 세계의 일부분이란 것을 의미합니다. 마치 우리가 내 육체를 바라다보는 것과 같이 말입니다.

그러므로 시간과 공간은 바로 우리라는 존재가 이렇게 육체로 나타난 〈상황〉과 〈현상〉의 자연스러운 일부분일 따름입니다.

만약 우리가 내 몸을 바라보면서 한 손가락만을 나라고 강하게 집착하고 여기기 시작한다면 나머지 다른 부분들은 다른 공간 속의 이질적인 것들로 인식될 것입니다. 다른 것이 아프면 이상하게 나도 아프긴 하지만 그래도 내가 나로만 여기는 그 손가락이 아픈 것보다는 덜할 것입니다.

진실을 말하자면 시공간이란 이런 착각현상에서 나온 것으로서, 사실은 내가 나(내가 아직 알지 못하는 내 밖의 나)를 느끼는 의식의 일부 작용입니다. 우리가 아직 알지 못하는, 그래서 내가 아직 만나지 못한 미지의 나, 내 밖의 나는 너무나 엄청나게 크며 무한하고 영원한 존재입니다.

  이 〈나〉는 이 시간과 공간조차도 창조하고 인식하게 하는 배경적인 존재입니다.

  참다운 〈나〉는 이렇게 우리에게 자기의 모습을 시공간으로 나타내줍니다. 우리는 우리의 영적성장에 따라 아직 어린이는 자기 몸 안에 갇혀 있을 수밖에 없지만, 점점 더 성장하는 이는 자기 몸을 벗어나 이웃이나 우주자연 전체를 자기로 여기기 시작합니다. 그래서 시공간은 그 나타남의 인식작용이 사람에 따라 혹은 마음의 상태에 따라 상대적일 수밖에 없는 것입니다.

chapter.07

식스존 명상의 핵심요약

생각, 감각, 감정, 관계, 시공간은 진정한 나의 존재방식이
아니라 내가 선택한 나의 일시적 표현방식이다.

이제 식스존(Six Zone)의 각각에 대해서는 잘 알겠습니다.
그런데 이 식스존 전체가 말하고자 하는 바는 무엇인가요?
이 식스존이라는 특이한 명상이 제시하고자 하는 것은 무엇입니까?

우리는 여태까지 〈넌 이런 존재이고, 이렇게 너를 표현해야 한다〉라고 교육받은 방식으로만 존재하고 살아왔습니다.
하지만 이것은 바로 생각, 감정, 감각, 관계, 시공간의 영역 안에서 오늘도 일어나고 사라져가는 현상들 속에서 우리가 그 속에 빠져서 나의 이야기를 쓰고 있는 것입니다. 당신이 화가 나고, 누가 밉

고, 슬프고, 억울하고, 분노하는 이 모든 일들이 사실은 다 이렇게 우리가 쓴 이야기란 것이지요.

진정한 우리는 이러한 이야기의 시작 이전에 있습니다.
우리는 우리가 서로 대화와 교감을 하기 위해 만든 이 언어라는 양면의 칼날에 의해 이렇게 이익도 보지만 알지 못하는 가운데 큰 손해도 보고 있는 것입니다.
제 말의 핵심은, 우리는 이 식스존 존재방식 이전에도 식스존에 의해 존재하는 것이 아닌 그 이전의 근원적 존재라는 것이며, 그러한 우리의 본래면목을 이제는 다 같이 자각해야 한다는 것입니다.

우리는 식스존에 의한 존재방식으로 그 속에서 존재한다고 배워 왔지만, 실은 식스존의 존재방식은 우리의 근원적인 존재를 표현하는 하나의 방법이었을 뿐 그것이 나의 전부는 아니라는 진실을 말하고자 하는 것입니다.
우리 사이에는 영감이 아주 발달하거나 혹은 직관력이 뛰어나거나 예감이 아주 탁월한 사람들이 있습니다. 또 개나 족제비 같은 짐승들은 후각이 아주 발달해서 우리가 모르는 더 깊은 후각의 다른 차원을 동시에 살고 있습니다.
존재하는 방식이 다른 존재들에게 나타나고 느껴지는 세상은 우리에게 나타나는 세상과는 다릅니다.

이러한 사실들이 뜻하는 것은 식스존 속에서 우리가 존재하는 방식은 우리를 표현하는 방식일 뿐 진정한 우리 자신이 아니란 말입니다. 그래서 저는 당신에게 식스존에서 벗어나 본래의 자기를 되찾는 길을 다음과 같이 제시하고자 합니다.

첫째로는 생각과 생각이 짓는 수많은 환상세계에서 빠져나오는 것입니다.

내가 아는 나란 내 생각 속에만 존재합니다. 내가 나라고 여겨오던 나는 내 삶이라는 이야기 속의 주인공일 뿐입니다. 그것은 정보(information)이지 진정하게 실재하는 내가 아닙니다. 이제 정보를 나라고 붙들고 착각하면서 진정하고 위대한 나를 외면하고 찾지도 않는 이러한 어리석은 삶에서 벗어나야 합니다.

우리는 여태까지 우리가 더불어 만드는 이야기 속에 중독되어 있었습니다. 이제 이러한 생각상자(think box)의 틀로부터 벗어나십시오. 우리의 모든 문제, 세상과 사회의 모든 문제와 모순들은 실재하는 것이 아니라 우리가 만든 이야기 속의 것입니다. 그것들의 재료는 저 들판의 나무나 꽃들처럼 우주적이며 자연적인 것이 아니라, 실재하는 것은 아무것도 없는 그저 한때의 지나가는 생각일 뿐입니다.

둘째로 감정 역시 하나의 정보나 자극에 대한 반응체계일 뿐 이것이 진정한 우리 자신은 아니라는 것입니다.

   심리학에서는 모든 사람은 그 안에 심리적 유아상태의 자신을 가지고 있다고 말하는데, 대부분 어렸을 때 감성적으로 성취되지 못한 감정적 욕구가 잠재의식화되어 그 안에 내재되어 있다고 말합니다. 그것이 어른이 되어서도 수시로 표출되는데, 바로 이것에 의해 우리의 정서 상태나 삶의 행불행이 좌우된다고 말하지요.

   식스존 명상에서 말하는 것은 이러한 감정 역시 내가 아니므로 더 이상 내 안에서 일어나는 감정반응에 대해 무작정 따라가지 말고 그를 자각하며 깨어 있어 보라는 것입니다. 이것은 처음엔 상당히 힘들지만 조금만 연습하면 나중엔 아주 커다란 인격적 변화를 가져오게 되며, 더 나아가 한 사람의 내면적 평화에 아주 크게 기여하게 됩니다.

   우리는 삶속에서 경쟁을 통해 행복과 평화를 찾고 얻는 것으로 알고 있지만, 사실 진정한 존재의 행복과 평화란 이미 우리가 태어나면서 다 받아가지고 나온 것이고 우리가 어렸을 때 다 그 본질을 알고 누구나 깊이 즐기고 누렸던 것들입니다.

   세 번째로는 인간관계로부터의 해방입니다.

   우리는 사회적 동물이며, 그래서 태어나면서부터 가족관계로부터 시작하여 복잡한 관계를 맺고 살아오고 있습니다. 그러므로 부모나 가족이 내게 미치는 정신적인 구속이나 감성적인 영향은 무의식에까지 그 뿌리를 내릴 정도로 아주 지대한 것입니다.

우리가 이러한 나의 내면을 바꾸기 위해서는 나를 바라보는 관점을 바꾸어야 합니다. 즉, 나는 더 이상 하나의 육체만이 아닌 이 우주와 분리할 수 없는 섭리 속의 존재이며, 그렇기에 내가 전 우주와 삼라만상을 나와 분리하지 아니할 때, 나는 과거 이야기로 이루어진 〈내 속의 나〉에서 벗어나 내 밖에 본래적으로 존재해오고 있던 진정한 〈나〉를 찾게 된다는 것입니다.

네 번째로는 감각과의 자기 동일시를 그만두는 것입니다.

그래서 스톱(STOP)명상이라고 합니다. 우리는 무의식적으로 육체와 자기를 동일시하도록 교육받았으며, 그렇게 살아오다 보니 이제는 감각이 곧 자기의 본질적 상태라고 알고 있습니다.

하지만 우리가 일상 속에서도 경험하여 알듯이 감각적으로는 아프고 괴롭더라도 정신적으로 쾌감을 얻는 때도 있지 않습니까?

더구나 우리는 언어로 된 개념의 세계에 깊이 빠져 있었기에 모든 사물을 다 개념으로만 보고 느낍니다. 무미건조한 생각을 느낀다고 생각하고 살아오다 보니 이렇게 우리 모두가 삶의 습관적 무기력증에 빠져버린 것이지요.

꽃 하나를 보더라도 과거의 관념 속에서만 보는 이러한 삶이 우리에게 권태와 우울증을 가져다주는 것은 너무나도 당연합니다. 우리는 이렇게 교육에 의해 과거를 현재에 적용하며 과거의 기억으로 현재를 마주하고 있는 가운데, 살아 있는 현재를 놓치고 흘려보내고 있는 것입니다.

이것을 자각하고 바로 지금 여기에 실존하는 나를 자각하는 것이 바로 〈NOW 명상〉입니다.

다섯 번째와 여섯 번째가 시간과 공간에 대한 것입니다.

우리는 자기가 이 시공간 속에서 살아간다고 생각합니다. 하지만 실재적인 본래의 우리 자신은 이러한 시공간을 초월해 있는 근원적 존재입니다. 우리가 그것을 자각하지 못하고 있는 가장 큰 이유는 바로 우리가 자기를 이 몸 하나에만 집중하며 자기 동일시하고 있기 때문입니다. 하지만 우리가 밤에 깊은 잠을 잘 때 우리에겐 이 몸이 사라집니다. 우리는 이 몸 없이도 꿈속에서 새로운 시공간을 만들어 그 속에서 잘 존재하고 있습니다.

시간은 존재의 절대적인 기준이 아니며 상대적 환경 속에 나타난 현상이란 것이 이미 아인슈타인의 상대성원리에 의해 자명하게 입증되었습니다. 블랙홀 속에서는 시간이 정지한다는 것 역시 입증된 진실입니다. 그러므로 시간이 정지한 곳에 존재하는 존재는 영생하는 것도 가능하다는 논리가 됩니다.

공간 역시 우리가 가진 관점에 의해 그 크기가 결정됩니다.

우리가 전자현미경을 들여다 볼 때 그 안에도 얼마든지 작은 방향으로 작고 더 작아지는 무한한 세계가 들어 있으며, 반대로 우주를 향한 천체망원경을 볼 때에도 그 안에는 다시 무한하게 크고 더 큰 것을 향한 공간이 나타나고 있습니다.

즉, 이 말은 우리가 지금 이 몸을 기준으로 한 크기의 공간 속에 살기에 우주가 이런 모습으로 나타나는 것이라는 말입니다. 다시 말해 공간에도 절대적인 기준이 없다는 것이지요.

이상으로 우리가 절대적 진리로 여기고 의지하며 살아왔던 여섯 가지 존재방식이 사실은 절대 진리가 아니며, 다만 우리라는 미지적 존재의 표현방법에 불과하다는 사실, 바로 이것을 자각하고 본래의 우리는 이 식스존의 영역 이전의 존재이며 초월적 존재라는 것을 깊이 성찰할 때 우리는 순식간에 자기의 본성을 깊이 깨닫게 됩니다.

이상을 통해 식스존 명상법이 말하고자 하는 것은, 이 여섯 가지를 통해 우리가 나라고 여겨온 과거의 그 진부한 존재방식은 사실은 하나의 표현방식일 뿐 진정한 본래의 우리 자신이 아니란 것입니다.

이제 이 진실을 깨닫고 진정한 참나를 되찾읍시다.

이것이 식스존 명상이 밝히고자 하는 핵심입니다.

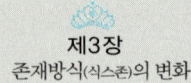

제3장
존재방식(식스존)의 변화

명상하기

1. 내 생각을 스스로 자유롭게 멈출 수가 있는가?
2. 멈출 수 없다면 떠오르는 생각과 싸우거나 집착하고 붙들며 살 필요가 있는가?
3. 생각이 내가 아닐 때 무어라 규정지을 수 없는 그 〈나〉는 무엇인가?
4. 감정을 나로 여기지 않을 때, 〈나〉는 무엇인가?
5. 모든 감각을 나로 여기지 않을 때, 〈나〉는 무엇인가?
6. 모든 관계를 나로 여기지 않을 때, 〈나〉는 어떻게 되는가?
7. 모든 시공간 속에 나를 가두지 않을때, 〈나〉는 어디에 존재하는가?
8. 내가 모든 식스존 속의 존재방식이 아닐 때, 〈나〉는 어디에 있는 무엇인가?
9. 식스존의 존재방식은 어디로부터 나오는가?

| 제4장 |
깨달음의 비밀

chapter.01

내 안의 나와 내 밖의 나

나는 내가 모르는 것이 있다는 것조차 모르는
영역에 대해 알지 못한다.
그러나 그것을 알게 될 때 내 의식의 영역은 확장된다.

사람이 진리를 깨닫는다는 것은 대체 어떤 것인가요?

사실 세상엔 깨달음에 관한 수없이 많은 정의가 있지만 저는 어떤 게 옳은 이야기인지 잘 모르겠습니다. 그리고 깨닫기 위해서 가장 중요한 요건이랄까 핵심이 되는 것이 무엇인가요?

깨달음이란 진정한 우리의 본모습을 되찾고, 그것으로 거듭나는 것입니다.

물론 여러분은 여태까지 여러 곳에서 〈진리에 대한 깨달음이란 무엇인가?〉라는 질문에 대해 이러저러한 것이 대답이라는 가르침을 받았을 것입니다. 저는 여기서 그런 대답들을 장황하게 예시하고 서로 낱낱이 비교하며 어느 것이 더 낫다든지 못하든지 하는 것을 상세하게 비교하자는 게 아닙니다. 다만 이런 것들보다 더 깊은, 보다 더 근원적인 것을 가리키고자 합니다.

그것은 바로 이 모든 진리에 관한 이야기들을 의미 있게 하는 존재는 누구냐 하는 것입니다.

진리라는 것이 어느 날 당신에게 불쑥 찾아와서 "내가 진리인데 나는 이러저러한 존재다."라고 설명하던가요?

아닙니다.

그러므로 이 모든 이야기들은 다 우리가 이런저런 다양한 진리에 관한 말을 듣고 "맞아! 이것이 바로 진리야!"라고 그것에 힘과 권위를 부여한 것에 지나지 않는다는 것입니다. 그러므로 모든 진리를 진리이게 하는 마지막 존재는 바로 다름 아닌 당신입니다.

우리는 이 진실을 모르고 그동안 그 얼마나 많은 나날을 진리를 찾는답시고 여기저기로 뛰어다녔던가요?

개는 누군가가 돌을 던지면 그 돌을 쫓아가지만, 사자는 누군가 돌을 던지면 그 돌을 던진 자를 쫓아와 물어버린다 합니다. 당신은 누군가가 〈이것이 진리다〉라는 생각의 돌멩이를 당신에게 던졌을 때, 그 생각을 정신없이 따라가는 존재인가요, 아니면 그것을 진리라고 받아들이는 놈을 다시 자각하는 존재인가요?

이제 당신은 모든 것에 진리의 힘과 권위를 부여하는 마지막 존재는 바로 자기 자신이란 것을 명백하게 자각하고 깨어나야 합니다.

이것이 가장 기초적인 첫 번째 깨어남입니다.

하지만 우리가 제아무리 이런 논리와 자각 속에서 항상 〈나〉를 자각한다 해도 우리에게 여전히 이 〈나〉란 존재는 풀기 어려운 난해한 존재로 남아 있는데, 그것은 이 〈나〉란 존재는 우리가 여태까지 다만 인칭대명사로서만 다루고 가리키면서 생각 혹은 식스존의 존재방식 속에서 개념적으로만 그것을 대해왔기 때문입니다.

그래서 우리에겐 〈나〉라는 이 존재처럼 알기 쉬우면서도 또 어려운 문제가 따로 없습니다.

그러므로 우리는 이제 보다 더 정확하고 깊게 진리 그 자체인 〈나〉를 자각하고 나에 대해 깨어나기 위해서 여태까지 내가 남들로부터 배워서 습관적으로만 알던 나의 존재방식에 대해 그것이 무엇인지를 정확하게 깊이 자각해야 할 필요가 있는 것입니다.

바로 여기에 식스존 명상의 가치가 있습니다.

생각해보면 우리는 우리가 아는 문제들에 대해서만 내가 그것을 안다든지 모른다는 것을 알고 있습니다. 이것이 바로 우리가 여태까지 〈내 안의 나〉 속에서만 살아왔음을 말해주는 것입니다. 그러나 그것이 존재하고 있는지도 모르는 문제에 대해서는 우리는 그 문제가 있다는 것조차도 모르고 있습니다.

우리는 우리에게 우리가 전혀 모르는 영역이 있다는 것조차 모르고 있습니다. 하지만 우리가 그것을 문득 깨달아 알게 될 때 그것은 우리에게 다가와 우리의 일부가 됩니다.

그것은 전에는 없었지만 새롭게 나의 의식이 확장될 때 그 속에 들어오는 새로운 것입니다.

이것이 바로 제가 말하고자 하는 〈내 밖의 나〉라는 영역입니다.

당신이 〈내 안의 나〉에만 열중할 때 당신은 내가 아는 나에 대해서만 더 자세히 알게 됩니다. 하지만 이것은 깨어남이 아니며 단지 내가 과거에 몰랐거나 못하는 것들을 이제 알거나 하게 되는 것을 의미합니다.

이것은 당신이 아는 상자의 크기만을 키우는 것이지, 당신이 당신이라는 상자 밖으로 나가는 것이 아닙니다. 세상은 당신에게 〈상자 키우기〉 이것만을 요구하지요. 하지만 당신이 진정한 〈나〉를 알고 싶다면 반드시 내 상자 밖으로 벗어나야 합니다. 그리고 그러기 위해서는 당신은 세상이 말하는 그런 방식으로는 당신이라는 존재 자체를 스스로 까뒤집지 못합니다.

당신이 〈내 밖의 나〉라는 전혀 생소한 미지의 나를 만나기 위해선 단 한 번이라도 진정성을 가지고 확 당신이란 상자를 전적으로 부인

하고 뒤집거나 찢어버려야만 합니다. 그래서 제가 지금 당신이 아는 당신의 존재방식(식스존 영역)에서 벗어나라고 되풀이해서 말하고 있는 것입니다.

이제 다음 단락에서부터 우리가 너무 당연하게 여겨왔던 우리의 기본적인 존재방식을 하나씩 해부하며 그것들의 허상을 낱낱이 파헤칠 것입니다.

당신은 단지 이 책을 읽으면서 집중해서 따라오시기만 하면 됩니다.

당신에게 제가 부탁하는 것은 단지 제 말에 대한 순수한 주의력의 집중입니다. 아무런 비판이나 분별 없이 말이지요.

그러면서 단 한 번만이라도 진지하게 선입견 없이 제 말대로 실습해보고 명상해보는 것입니다. 그때 비로소 새로운 존재의 지평이 당신에게 열릴 것입니다.

과거 당신의 습관적인 생각방식으로 이 책을 다시 비판하고 생각할 게 아니라, 열린 가슴으로 이 책이 끝날 때까진 부디 한번 어린아이처럼 믿고 따라와 주시기 바랍니다.

당신이 아직 모르는 진정한 당신인 〈내 밖의 나〉와 만나기 위해서.

chapter.02

있음과 없음

있다, 없다란 다 언어이며 생각이다.
그러나 본질적인 〈나〉는 있다, 없다라는 생각 이전에
스스로 존재한다.
그러므로 있다, 없다라는 생각의 착각에서 벗어나면
참나는 스스로 자명해진다.

   진리가 무엇이다라는 것은 그 말이 제아무리 멋지고 훌륭하더라도 다 이야기에 불과하며, 결국 그것을 내게 있어 진리가 되게 하는 것은 바로 〈나〉임을 인정합니다.
   또 세상의 모든 것을 이해하고 이것이 진리라든지 아니라든지 또는 좋다든지 나쁘다든지 하는 어떤 의미를 갖게 하는 것 역시 바로 나로부터 시작한다는 것에 전적으로 공감합니다.
   그렇기에 제가 깨어나려면 바로 나에 대한 성찰로부터 시작해야 한다는 생각이 듭니다만…….

전적으로 옳습니다.

바로 그 얘기를 지금부터 제가 시작하려는 것입니다. 먼저 우리의 삶이 이렇게 복잡하게 된 것은 이 세상에 우리가 태어났기 때문입니다. 그러므로 모든 사건의 시작이 되는 사건, 즉 우리가 이 세상에 태어났다는 사실부터 한번 자세히 성찰해보도록 합시다.

당신은 스스로 자기가 언제 이 세상에 태어났다고 생각하십니까?

대부분의 사람은 자기 몸이 세상에 나온 생년월일을 자기가 이 세상에 처음 나타난 때라고 여길 것입니다. 하지만 이것은 진실이 아니며 우리가 만든 이야기에 불과합니다. 그 이유를 다시 한 번 살펴보도록 합시다.

당신이 밤에 깊은 잠을 잘 때 당신이 아는 〈나〉는 스스로 존재합니까, 아닙니까?

답은 분명히 존재하지 않는다는 것입니다. 이처럼 우리는 누구나 다 각자가 〈나에 관한 생각을 할 때〉 그 순간 속에만 있는 존재들입니다. 그러므로 우리가 아무 생각도 하지 않을 때 우리가 아는 〈나〉는 이 세상에 존재하지 않습니다. 다만 그 대신 그 자리에 있는 것은 하나의 육체와 그를 살리는 우주적인 생명현상이지요.

따라서 생각 속에만 존재하는 그대가 이 세상에 태어난 최초의 시기는 당신의 몸이 태어난 때가 아니며, 바로 당신이 〈나라는 개념적인 생각을 지속적으로 하기 시작한 때〉인 것입니다.

즉, 당신은 이처럼 생각 속에만 살고 있는 허상적인 존재인 것입니다. 당신이 과거에 아는 나는 이처럼 생각 속에서만 존재하는 존재방식에 갇힌 부자유스럽고 환상적인 존재입니다.

이것을 한번 깊이 명상해보십시오.

이것이 첫 번째 잘못 끼워진 단추입니다.

(이것을 무명업장이라든가 혹은 원죄라고 달리 표현할 수도 있습니다.)

즉, 당신은 여태까지 당신의 〈존재하고 있음〉에 대해 단 한 번도 회의해보지 않고 살아왔습니다. 하지만 당신이 그렇게도 절대적으로 믿어온 당신의 〈있음〉은 사실은 이렇게 생각이라는 하나의 존재방식 안에 갇힌 허깨비 같은 환상에 불과합니다.

아무런 생각도 하지 않을 때, 바로 그때 도대체 당신의 올바른 모습과 정체는 무엇인가요?

그런 생각 속에 개념적으로만 존재하는 나는 하루에 절반(생각할 때)은 있고 존재하지만, 절반(잠자거나 생각하지 않을 때)은 없습니다. 그러나 이렇게 존재적으로 있다가 없다가 하는 애매모호한 당신이라면, 그것이 과연 진실한 당신일까요?

그래서 저는 이것을 가아(假我, 거짓 나)라고 이름 짓고 부릅니다.

그런데 세상의 모든 종교와 수행법들은 놀랍게도 다 이러한 허깨비 같은 가아를 전제로 하여 모든 것을 시작합니다.

즉, 기독교는 그러한 당신을 천당에 보내달라고 기도하며, 그런 허깨비 같은 당신이 성령을 만나 더 나은 영성을 가진 존재로 거듭나게 해달라고 간구합니다. 또한 기존의 불교수행법들 역시 그러한 개념 속의 존재에 불과한 당신이 이런저런 수행을 함으로써 어떤 대단한 경지에 도달할 수 있다고 가르칩니다.

그래서 역사상 수많은 이들이 특별한 마음을 내어 출가를 하며 또는 무엇을 어떻게 공부해야 한다는 생각 하에 동굴이나 골방에서 침식을 잊고 기도나 화두참선이나 위파사나 같은 수행에 평생을 걸고 정진합니다.

그러나 그렇게 수많은 이들이 기도하고 수행정진을 하지만 다 그때뿐이며 우리는 희랍신화 속 시지푸스(Sisyphos)의 바위처럼 자꾸 제자리로 다시 굴러 떨어질 뿐, 무언가 실제로 괄목할 만한 성취를 이룬 사람들은 극히 적습니다.

대체 이런 현상의 원인은 무엇일까요?

그 이유는 바로 이러한 허상의 나를 진정한 나라고 착각하는 데 있습니다. 과거에 내가 나라고 여기던 나는 제아무리 노력해도 하루 24시간을 흔들림 없이 부동의 〈나〉로서 존재할 수가 없습니다. 그 나는 때로는 있고 때로는 없는 생각 속의 환상적인 〈나〉일 뿐이기에 그러합니다. 세상이 우리에게 이렇게 가르쳐왔고 그러기에 우리는 여태까지 이러한 내가 〈있다〉고 착각하고 살아왔지만, 사실 그 나의 본질은 환상적인 존재로서 그 존재성의 절반은 〈없다〉였습니다.

우리는 다 같이 서로 〈내가 있다〉라는 약속 하에 살지만 그러나 우리가 아무런 생각을 하지 않거나 우리가 기억상실증이나 치매에 걸리거나 할 때 우리는 우리 속에서 〈사라져 없는 존재〉가 되어버립니다. 즉, 생각 속에서만 그림자처럼 존재하는 허상의 내가 진리를 탐구하고 기도해서 실상의 나를 찾겠다고 하니 이것이 처음부터 될 법한 일이겠습니까?

바로 이것이 우리가 깨어나지 못하고 깨닫지 못하는 근본적인 이유입니다.

우리는 첫 단추부터 잘못 꿰고 있는 것입니다. 즉, 우리는 본래 없다가 잠시 생각 속에 나타난 그림자 같은 나를 진짜 나라고 착각하고 있는 것입니다. 다시 말해 우리는 〈본래 없는〉 환상적인 생각 속의 존재를 가지고 〈본래 있는〉 실재적인 진리를 추구하는 잘못을 저지르고 있는 것입니다.

이 첫 번째 잘못이 온 세상에 만연되어 있지만 놀랍게도 아무도 이것을 지적하는 이가 없습니다. 그냥 다같이 〈열심히 하면 된다〉라고 말하고 있습니다. 저도 이러한 진실을 눈치 채기 전 옛날에는 남들이 다 그렇게 말하기에 그런 줄로만 알았습니다. 하지만 벽돌을 열심히 정성들여 잘 간다고 그 벽돌이 거울이 될까요? 모래로 밥을 짓는다고 언젠가는 그 모래가 밥으로 변신할까요?

이것이 우리가 다 같이 빠진 큰 함정입니다.

지금 당신이 아는 〈나〉란 본래 〈없는〉 생각 속의 일시적 그림자 같은 존재입니다. 그 나는 생각할 때만 잠시 나타나지만 우리가 생각을 안 하거나 잠을 잘 때에는 어디로 갔는지 아무도 모릅니다. 그래서 이 나는 생각에 상관없이 항상 실존하지 못하는 존재로서 가짜 나이며, 본래 〈있지 않음〉의 존재입니다. 이것부터 철저하게 깨달아 알아야 합니다.

그대가 진정 깨닫길 원하고 거듭나길 원한다면 그대는 먼저 자기의 이 〈없음〉에 대해 자각하고 바로 이 자각으로부터 모든 것을 새 출발해야 합니다.

내가 본래 없다는 것을 머릿속 생각이 아닌 가슴으로 절절하게 느끼는 사람이라면 그에겐 무슨 수행법이라는 게 더 이상 아무런 의미가 있을 수가 없습니다.

무엇을 한다는 주체가 애초부터 본래 없는 존재라는 것을 확연하게 알았는데, 그놈이 무슨 화두참선을 하고, 죽이거나 버리고, 축기를 하거나 기운을 모읍니까? 누가 깨달으며 누가 무상열반을 증득합니까? 그럴 주체가 본래 없습니다.

이것이 우리가 한시바삐 깨달아야 할 핵심적인 진리 중의 진리입니다.

 사실을 보다 더 정확하게 말한다면 우리가 아는 생각 속의 나는 이렇게 때로는 〈있음〉의 존재이고 때로는 〈없음〉의 존재로서, 우리가 있다 하면 있고 없다 하면 없어지는 그런 상대적인 존재인 것입니다. 그러므로 우리가 빨리 깨어나려면 바로 이러한 〈나〉란 존재의 언어적 허상을 알아차리고 그 이전에 본래적으로 실존하는 실상적인 참나에 눈을 떠야 합니다. 내가 〈있다〉는 이 긴 꿈과 착각이 모든 것을 비비 꼬이게 만드는 근본적인 착각이며 원인입니다.

 그렇다고 또 내가 〈없다〉라고만 생각한다면 당신은 또 언어의 함정에 빠진 사람입니다.
 진정한 당신은 이와 같이 있는 것도 아니며 없는 것도 아닙니다.
 왜냐하면 〈있다〉라든가 〈없다〉라는 말은 단지 언어에서 규정한 상대적인 상태를 말하는 것으로서 그러한 표현 자체가 근본적으로 실재하는 절대적인, 언어 이전의 자리를 표현할 수는 없는 까닭입니다.
 당신은 이 육체 속에 잠시 머무는 우주자연의 생명에너지로서 있다든가 없다라고 생각을 하는 〈힘 그 자체〉이지 생각 속의 어떤 개념이 아닙니다. 그런 실재적인 당신이 지금 생각 속에서 〈있다〉와 〈없다〉라는 상상 속에 빠져 꿈을 꾸고 있습니다. 그래서 지금 당신은 전도몽상의 생각 속에 빠져 착각이 만든 〈내가 항상 있다〉는 이야기 속에 갇혀 있습니다.

　당신은 아마도 우주 생명현상이 지금은 〈있다〉가 사라져버려 〈없다〉의 상태가 되는 것이 아닌가 또 생각할지 모릅니다. 하지만 그것은 불가능한 일입니다. 우주 대생명현상은 전체적으로 볼 때 늘 하나이며 불가분의 존재로서 근본우주와 더불어 항상 지속되는 영원한 힘 그 자체이기 때문입니다. 우주 전체 안에서 전기나 불 또는 물을 없애거나 죽이거나 영원히 제거할 수가 있습니까?
　불가능합니다.

　마찬가지로 우주 전체 안에 근본우주자리와 분리할 수 없는 당신의 생명, 우주의 대영혼자리는 있다가 없다가 하거나 죽고 사는 게 아닙니다. 그것이 나타내는 모든 형상적인 겉모습은 물이나 얼음처럼 있다가 없어지고 나타났다간 사라지고 하지만, 그 본질은 H_2O처럼 지금도 이 우주 안에 섭리적으로 가득 차서 스스로 존재하고 있습니다.
　그것은 전기나 물, 불처럼 본래부터 그렇게 존재하는 성품입니다.
　그리고 당신의 본래 모습이 바로 그것입니다. 그렇기에 당신은 있고 없음을 연출하는 근원적인 창조자이며 연출자인 것입니다.
　당신이 스스로를 있다가 없어지는 몸이나 마음으로만 여기지 않는다면, 그리고 모든 당신의 존재방식인 식스존 영역 안에서 그것을 자기 동일시하던 종래의 존재방식을 이제 과감히 스톱(STOP)하고, 그런 것들이 더 이상 자기가 아님을 알아차리기만 한다면, 그대는 바로 지금 여기에서 모든 것의 최후배경에 있는 이 자리를 자각할 수 있습니다. 그리고 이것이 바로 우리의 생각 속에만 존재하는 허상의 〈있고 없음〉의 세계를 초월하는 길입니다.

그 자리를 다시 또 무어라 개념화하거나 언어화하려고 애쓰지 마십시오. 우리는 그동안 너무나도 그러한 습관에 시달려왔습니다. 단지 언어 이전의 〈아무것도 아닌 그것〉 그 자체 그 상태로 존재하세요. 생각 이전의 생각으로부터 자유로운 그 상태. 바로 그것으로 충분합니다. 그것은 본래가 언어에 의해 포획되거나 언어세계 안에 언어로서 갇힐 그러한 성품이 아니니까요.

chapter.03

전체와 개체

우리는 언어 속에 갇혀 있다.
그래서 언어로 분별만 하고 있는 한 우리는
진실한 실상세계와는 만나지 못한다.
그러나 모든 분별이 있기 이전의 있는 그대로의 진리는
지금 바로 여기, 우리 눈앞에 기막히게 펼쳐져 있다.

말로는 이해하겠는데, 하지만 이렇게 명백하게 존재하고 있는 나를 어떻게 없다고 말할 수 있겠습니까?

일반인들이 들으면 궤변이라고 할 것 같습니다. 물론 불교에도 〈본래 무아(無我)다〉란 말이 있긴 하지만, 사실 그 말이 잘 이해가 안 되니까 세상에 이 말이 뜻하는 바를 직접 성취하는 사람이 극히 적은 것 아니겠습니까?

〈내가 본래 없다〉는 이 말의 핵심을 좀 더 명확하게 이해시켜주실 순 없을까요?

사실 〈깨달음의 비밀〉이라는 이 장(제3장)에서 이 부분을 이해하는 것이 가장 중요합니다.

즉, 깨달음의 비밀을 알려면 바로 개체적 자아의 〈무아성〉을 철저하게 자각해야 한다는 것입니다.

그렇지만 이 〈무아〉가 좀 오묘하고 불가사의한 무아라서 그냥 우리가 일반적으로 말하는 있고 없음의 뜻을 가진 그런 개념적이고도 상식적인 〈없음〉이 아닙니다. 세상에선 이것을 기존의 언어로 설명하며 지식적으로 이해시키려고 하는 사람들이 많지만, 진정한 무아의 참뜻을 체득하기 위해서는 〈전체적으로 존재함〉과 〈개체적으로 존재함〉의 우주적 섭리에 대해서 더 깊이 이해하고 깨어나야 합니다.

〈이것〉을 이해하고 인식하기 위해서는 반드시 〈저것〉을 동시에 알아야만 합니다. 예컨대 우리가 긴 것을 이해하기 위해서는 짧은 것을 먼저 경험해야만 합니다. 상대가 되는 짧은 것이 없는데 긴 것이 홀로 있을 수는 없습니다. 마찬가지로 개체가 없는데 전체가 홀로 스스로 인식될 순 없습니다. 이 우주에 우리 같은 개체의 영장동물이 나타난 것은 바로 이러한 깊은 섭리와 비의(秘意)가 숨어 있는 것입니다.

즉, 우주는 그 자체가 신(神)의 몸통으로서 삼라만상은 곧 신이 다양하게 자신을 표현한 그의 부분적인 형상이며, 우리는 바로 이 전체우주(신)가 자기 자신을 인식하려는 살아 있는 우주활동의 일환으로서, 이 우주에 나타난 전체우주의 분리할 수 없는 원소적 일부이며, 그의 활동 결과란 것입니다. 종교에선 이것을 극히 의인화하여 우화적으로 표현하고 있습니다만.

그런데 여기서 중요한 것은 전체가 없으면 개체도 없게 되지만 동시에 개체가 없으면 전체라 할 것도 인식되거나 존재할 수 없다는 것입니다. 이 말은 다시 말하자면 개체와 전체란 우리의 생각 속에서나 분리되어 있는 개념 속의 논리적 차별이지 실제로는 분리할 수 없는 하나, 한 덩어리란 것입니다.

이는 마치 우리가 장미꽃을 놓고 뿌리, 줄기, 잎, 꽃봉오리 등으로 나누어 표현하고 사용하기도 하지만 실제로는 어느 것 하나도 나뉠 수 없으며 서로 분리되어 따로 존재할 수도 없는 이치와도 같습니다. 나누는 순간 그들은 이미 살아 있는 장미라는 식물 그 자체가 아니니까요.

즉, 다시 말해서 장미는 전체로서 하나의 생명을 가진 식물일 뿐이며 우리가 뿌리, 줄기, 잎, 꽃봉오리를 아무리 나누어도 그것은 우리의 분별일 뿐 실제로는 그것들은 따로 분리되어 살거나 나뉘어 존재하지 않습니다. 그러므로 장미의 일부분인 잎은 장미 전체에 대해서는 스스로 자기를 대등하게 주장할 수 있는 존재가 아니며 그의 일부분일 따름이라는 뜻이 바로 무아(無我)의 참뜻인 것입니다.

즉, 잎은 분명히 있지만 그 존재가 전체장미의 입장과 관점에서 볼 때에는 따로 분리되어 있는 명백한 개체가 아니라 그저 장미라는 전체의 분리할 수 없는 한 부분이라는 것이지요.

우리가 잎을 장미라는 식물 자체로부터 하나 떼어내서 볼 땐 그것은 따로 존재하는 개체가 되지만 사실 그것은 따로 분리되어 존재하는 것이 아니라는 말입니다.

이것이 불교에서 말하는 무아(無我)의 참뜻입니다.

즉, 〈무아〉란 절대적으로 무조건 없다는 것이 아니라, 전체관점에서 볼 때 개체란 전체 앞에서 동등한 자격으로서 존재할 여지가 없다는 말이 됩니다.

우리는 일반적으로 있다든지 없다든지 쉽게 말하지만 사실은 우리가 개념과 생각 속에 빠져서 그렇지, 있음이나 없음이란 것은 본래 스스로 실재하는 것이 아닙니다. 단지 우리가 어떤 것이 원래 있음을 전제로 하여 어떤 시공간적인 관점에서 볼 때 상대적인 상태를 표현하는 말에 불과합니다.

그럼에도 불구하고 우리는 그동안 너무나도 이런 개념적인 말과 생각에 빠져 있었던 것입니다. 그러므로 이제는 우리가 스스로 만든 말과 개념의 함정에서 깨어나야 합니다.

우리가 이렇게 깨어나서 보니 본래 전체와 개체가 우리의 분별이었고 보는 관점에 달린 허상적 문제였을 뿐 실제(실상)로는 전체와 개체란 본래 없었음을 알 수 있습니다.

여기 장미라는 식물이 하나 온전하게 존재하고 있습니다. 다만 그럴 뿐이건만 우리는 그동안 스스로 만든 생각 속에서 이것은 꽃이라 가치가 더 있네, 이것은 잎이라서 별 볼일이 없네, 이걸 전체라고 하네, 저건 개체라고 할 수 있네 등등의 온갖 분별 속에 빠져 살아왔던 것입니다.

이것을 있음과 없음에 적용해도 마찬가지입니다.

전체관점에서 볼 때 우리는 그냥 우주적 대생명의 일환으로서 이렇게 장미꽃처럼 이 지구상에 나타나(꽃피어) 있습니다. 하지만 사실 우리는 전체의 분리할 수 없는 일부분일 뿐 어느 누구도 혼자 독립되어 있지 않습니다. 이것을 우주와 분리되어 있고 서로 아무 상관 없다고 보는 것이 그동안 당신의 생각이었습니다. 그래서 당신은 그동안 고독하고 외로웠지요.

그러나 지금 당신은 당신 스스로 산다고 생각하십니까?

당신은 자기 심장을 스스로 뛰게 하여 온몸에 피를 돌리며, 오늘 아침에 먹은 밥을 지금 당신 스스로가 위장을 움직여 소화시키고 있다고 말할 수 있습니까? 아무도 그렇게 말할 수 없습니다. 우리는 우주의 보이지 않는 큰 섭리의 손길에 의해 살려지고 있는 존재들이지 우리가 스스로 사는 것이 아닙니다.

우리가 이렇게 우주에 충만한 대생명의 손길에 의해 살려지고 있다는 것은 다시 말해 그의 분리할 수 없는 일부분이라는 말이며, 눈으로는 어떻게 보이든 간에 우리의 실상은 다만 〈전체적으로 존재〉하는 우주적 존재일 따름이란 얘기가 됩니다. 우리는 이미 이 무한성의 대우주와 보이지 않는 저 깊은 섭리세계 속에서 하나를 이루고 있다는 말입니다.

이것이 바로 〈개체라고 할 내가 전체적으로 실존하는 이 진짜 실상 앞에 본래 있다고 할 수 없다〉라는 얘기입니다.

즉, 그대는 바로 이 전체우주가 굴리고 운영하는 이 신비스러운 우주 현상의 일부이지 그와 분리된 하나의 개체로서 실재하는 것이 아니란 말입니다.

이것이 제가 말하는 상대적인 언어로 구성된 〈무아〉라는 생각의 참뜻입니다.

우리가 그동안 개체의 나를 이름 지어 부르고, 너와 나를 가르고, 우리를 깨어나지 못한 중생이라고 폄하하면서 얼마 살지도 못하는 뜬구름 같은 인생이라고 우리 자신을 불쌍하게 노래해왔지만, 이것은 그대로 불교의 금강경에서 말하는 사상(四相), 즉 아상, 인상, 중생상, 수자상을 만드는 작업에 불과했던 것입니다.

우리가 이렇게 진실을 오도하는 우리 생각과 언어의 본질을 자각하고 깨어날 때 우리는 진정으로 지금 이 순간도 살아 있는 참 진리를 만나고 그와 하나가 될 수 있습니다.

chapter.04

관점 바꾸기

나는 내가 인정하는 것이라 내가 '나는 무엇이다' 라는
관점을 개체에서 전체로, 유한에서 무한으로,
있음에서 없음으로 바꾸면 나에겐 그런 능력과 권능이
새로이 생겨난다.
모든 것은 다만 마음먹기에 달려 있기 때문이다.

이제 〈무아〉라는 말의 참뜻을 진정으로 알았습니다.

그러니까 우리가 그동안 유(有)니 무(無)니 하는 말에 속아서 그렇지, 사실은 이런 말들은 있다 해서 절대적으로 있는 것도 아니고, 없다 해서 절대적으로 없는 것도 아니며 다만 그때의 상태와 보는 관점에 따라 달라지는 상대적인 표현에 불과하군요.

이제 저는 〈유무〉라는 개념으로부터 자유로워졌습니다.

그렇다면 이러한 유무를 초월해 있는 존재인 우리는 대체 어떤 존재인가요?

즉, 전체와 분리할 수 없는 일부인 우리를 그렇다면 어떻게 이해해야 하나요?

개미는 바다를 알지 못합니다.
그것은 개미가 개미의 작은 관점으로만 세상을 보고 인식하려 들기 때문입니다.
참새는 우주를 알지 못합니다.
그것은 참새가 참새의 좁은 시야로만 세계와 우주를 인식하려 들기 때문입니다.
그러면 개미나 참새가 엄청난 세월이 걸리더라도 바다나 우주로 여행을 가야만 할까요?
그와 같이 보잘것없는 신세인 우리는 그렇게 장구한 세월을 죽어라 수행하고 도를 닦아야만 할까요?
세상의 종교와 수행법들은 우리에게 그것을 요구하고 있습니다.

하지만 똑바로 진실을 본다면 이것은 옳은 방법이 아닙니다.
여태까지 기존의 수행방법들은 그래왔지만 그것은 현명한 방법이 아닙니다.
여기에 개미나 참새가 순식간에 코끼리가 되고 독수리가 되는 방법이 있습니다. 그 비결은 바로 〈관점 바꾸기〉입니다. 사실 일체유심조라는 진리의 말씀처럼 우리가 사는 모든 세상사가 다 어떤 관점을 갖느냐에 따라 전혀 다르게 보이는 것들로 꽉 차 있습니다.

내가 과거에 내가 아는 나를 나라고 여기며 그 나를 중심으로 세상을 여전히 사는 한, 나는 과거를 현재와 미래에 계속 가져다 놓는 과거에서 벗어나지 못한 존재입니다.

그래서 진정 거듭나려는 사람은 〈존재의 방식〉을 바꿔야 합니다.

자기가 존재하는 방식을 바꾼다 함은 자기가 여태까지 가지고 의지하여 살아왔던 〈모든 관점을 다 바꾼다〉는 것입니다.

그것은 의외로 아주 간단합니다.

즉, 내가 아는 과거 〈내 안의 나, 내가 아는 나(내 몸과 기억에 의지한 마음)〉를 중심으로 한 그 개체의 관점에서 벗어나는 것입니다.

내가 갖고 쓰는 마음과 생각, 감정 등의 소프트웨어는 내가 태어나 살아오면서 그동안 스스로 창조하거나 혹은 남들로부터 교육받은 것들이지만, 그 이전의 나라는 존재 자체는 이미 우주적으로나 자연적으로 완벽합니다.

나는 내가 스스로 마음먹고 태어난 것이 아니며 우주가 180억 년의 장구한 계획과 섭리 속에 탄생시킨 고귀한 존재입니다. 기독교에는 〈우리 각자는 하나님이 태초에 이미 정하신 존재〉라는 말이 있는데 이 말이 전혀 틀린 말이 아닙니다. 나는 있는 그대로의 생명현상 자체로 본다면 우주적 근원섭리의 결실인 것입니다.

내 속에 우주근원이 들어 있고 아침 이슬 속에 우주의 H_2O가 들어 있듯이, 나는 근원 자체에 연결되어 있습니다.

사람들은 단지 이슬이라는 모습에 착각을 일으켜 이슬이라느니 빗물이라느니 분별이 많지만, 사실은 모든 것이 다 H_2O의 일시적인 변화일 뿐입니다. 마찬가지로 모든 존재들은 이미 그렇게 다 존재적으로 완벽합니다.

그래서 전체의 일부인 우리는 <u>스스로 우리가 이미 전체 그것과 분리할 수 없는 존재임을 인정하고 그것을 나로서 받아들이는 순간, 이미 더 이상 공부하거나 수행할 것이 사라지고 없어집니다.</u>

그러므로 원죄라느니 번뇌 망상이라느니 다 관점만 바꿔 본다면 우스꽝스러운 말이 됩니다.

이쪽에서 본다면 그 말이 틀리지 않지만, 저쪽 관점에서 본다면 다 본래 있지도 않은 헛소리들입니다.

그래서 본래 이미 다 깨달아 있다느니 또는 번뇌 즉, 보리(菩提)라는 말도 나오는 것입니다. 우리는 지금 이 세상이라는 삶의 방식에 너무 젖어서 그것만이 진실인 듯이 그것에 푹 빠져 살고 있습니다. 하지만 이것이 다 허구이며 먼 훗날 〈그들은 그렇게 살았다더라〉 하는 이야기에 불과한 꿈같은 것들입니다.

그래서 제가 드리고 싶은 말씀은 완전히 새롭게 근본적으로 그대의 존재방식을 바꾸고 그에 의거한 이미 완전한 관점을 갖고 살라는 것입니다.

그때 그대는 완전히 새로운 존재로 변하고 거듭납니다.

그대는 더 이상 수행할 것이 많은 부족한 수행자가 아닙니다.

그대는 비록 더 좋은 체험과 사랑의 경험이 필요한 존재일지는 몰라도 중생이거나 죄인은 아닙니다.

그대는 있는 그대로 근원이자 전체인 이 대우주생명이 최선의 능력을 다해서 표현한 그의 나타남(임재하심: 임마누엘)입니다.

그대는 이미 완벽합니다.

그대의 안팎은 이미 그러한 신성한 능력과 에너지로서 가득 차 있습니다. 다만 그대가 그것을 몰라서 꺼내 쓰지 않을 뿐. 어린아이는 다만 성숙한 경험만 모자랄 뿐 이미 완성된 인간입니다. 하지만 그대는 너무나 과거의 못나고 작은 관점에만 중독되어 살아왔습니다. 이 세상의 종교와 수행법들이 그대를 그렇게 정의하고 한정하고 관점을 축소했습니다.

하지만 이제 우리는 스스로 선언해야 합니다.

"나는 이미 있는 그대로 완전하며, 단지 이 신비스러운 삶 속에서 다양한 창조와 체험놀이를 할 뿐이다."라고.

이제 그 가능성을 그대 안에서 꺼내십시오.

화냈던 일들을 수행으로 고치려 하지 말고 이제부터 화 안 내는 나를 꺼내십시오. 그대는 완전하므로 무엇이든 다 선택할 수 있습니다. 새로운 깨달음 속에서는 수행하는 게 아니라 선택하는 것입니다. 이제부터 그대는 그대가 스스로 선택하며 창조합니다. 그대는 〈내가 나라고 인정하는 존재〉이기 때문입니다. 그대는 이제 나 자신의 존재함에 완전히 새로운 관점과 존재방식을 가져야 합니다.

이제 수행하거나 찾지 말고 선택하십시오.

전체와 분리할 수 없는 하나인 그대는 이미 완벽합니다. 다만 그대가 머리가 아닌 가슴으로 이것을 진실이라 인정하고 전적으로 받아들이기만 하면 됩니다. 그런 후 당신 안에서 일체를 꺼내 쓰고 풀어 가면 됩니다. 처음이라 조금은 틀릴지 몰라도 이내 곧 바로잡혀 갈 것입니다.

〈하지만 나는 이런 체험이 필요해요……〉 당신은 아직도 이런 논리 속에 계십니까? 그러면 원하는 대로 그렇게 무엇이 더 필요한 부족한 존재로 머무르게 될 것입니다.

이제 관점을 바꾸십시오.

내가 스스로 근원과 분리할 수 없는 하나임을 인정하며 그래서 내가 곧 전체이면 모든 것이 이미 다 내 안에 들어 있습니다. 하지만 내가 나를 단지 개체라고 인정하고 받아들이면 모든 것은 다 내 밖으로 나가게 됩니다. 이제 아주 작고 편협했던 당신 밖의 크고도 넓은 〈내 밖의 나〉를 만나십시오.

모든 것이 마음먹기에 달렸습니다.

내가 무엇을 선택하고 그렇게 살기 시작하면 그에 걸맞은 체험이 따라 나오게 됩니다. 이것이 우주의 살아 있는 법이며 진리입니다.

어떤 관점을 갖고 살 것인가?

그대가 그대의 삶과 수행을 결정합니다. 내가 이제부터 무엇이 될 것이며 내 말과 생각에 어떤 힘을 부여할 것인가? 전체우주가 그와 분리할 수 없는 하나인 당신으로 지금 여기에 나타나 있습니다! 당신을 이렇게 이해하고 받아들이십시오. 단지 이것만으로 충분하며 그 순간부터 당신의 모든 삶은 획기적으로 변화하기 시작할 것입니다.

chapter.05

존재방식을 바꿔라

환경과 조건이 나를 바꾸는 게 아니라
내가 환경과 조건을 선택하고 창조하는 것이다.
내가 어떻게 존재하느냐의 방식에 따라 나타나고
다가오는 세계가 달라진다.
내가 과거의 존재방식을 버리고 바꾸지 않는다면
내게 진정한 깨어남은 없다.

놀랍습니다.
단지 관점만 그렇게 바꿈으로써 존재가 완전히 변할 수 있다는 것이 말입니다. 논리적으로 이해가 가고 또 공감이 갑니다. 정말로 새로운 길이며 획기적인 깨어남의 방법이라고도 인정할 수 있습니다. 하지만 여태까지 개체의 정체성을 가진 아무개로서만 살아온 제가 단지 관점만 바꾼다고 그렇게 하루아침에 갑자기 모든 게 진짜로 변할 수 있을까요?

솔직히 말해서 아직은 잘 믿어지지가 않습니다.

당신은 여전히 제가 말씀드린 것을 생각으로만 이해하고 받아들이고 있습니다.

그러기에 이렇게 과거와 전혀 바뀌지 않은 관점 속에서 머무르는 회의적인 질문이 나오는 것입니다. 우리는 모두 다 어떤 하나의 관점을 취함으로써 자기가 존재한다는 생각과 감각을 가지게 됩니다. 그러므로 자기가 존재하는 존재방식을 기초로 하는 그 관점을 바꾸기만 하면 모든 게 다 따라서 바뀌게 되어 있습니다.

이것은 우리 안에 본래적으로 내재하고 있는 능력입니다.

하지만 사람들은 자기 안에 그런 온전한 능력이 천부적으로 존재하고 있다는 진실에 대해 너무나도 무지몽매합니다.

당신은 플라세보(placebo)효과에 대해 들어보신 바가 있을 겁니다.

사람들은 이것을 단지 의학적인 신비로만 치부해버리지만 사실 이 안에는 우주 전체를 뒤흔들고도 남을 위대한 진리가 숨겨져 있는 것입니다.

그것이 무엇이냐 하면 바로 모든 것은 〈일체유심조(일체가 마음먹은 대로 현실화된다)〉의 법칙에 따라 움직인다는 사실입니다.

당신은 제게 〈정말로 그럴 수 있나요?〉 하고 묻습니다.

그런 자세는 모든 것에 대해 회의를 갖고 쉽사리 믿지 못하는 현대인들에게서 흔히 볼 수 있는 정신적인 태도요, 존재방식입니다.

하지만 그렇기에 당신에겐 지금 이 우주를 살리고 움직이게 하는 미지의 신비적인 힘이 작용하지 못하는 것입니다.

우리는 우리가 아는 것에만 둘러싸여 있습니다.

우리는 미지의 것에 대해서는 일단은 위험하다고 생각하며 불신합니다.

하지만 잘 생각해보세요.

당신은 미지의 것으로 가득 찬 이 우주 안에서 생겨났습니다. 우리는 우리 스스로 사는 게 아니라 미지의 우주 대생명력과 섭리가 우리를 살리고 있음을 막연하나마 느끼고 있습니다.

내가 태양을 돌리는 게 아니며 지구를 자전시키지 않습니다.

내가 내 몸의 심장을 움직이지 않으며 아까 먹은 밥을 위장을 움직여 소화시키지 않습니다. 사실 우리는 이렇게 우리가 모르는 그 어떤 위대한 미지의 섭리 속에서 살려지고 있는 것입니다. 그런데도 우리는 모든 것을 일단은 불신합니다.

그럼으로써 우리는 스스로 고립된 채 〈내가 아는 세계만이 안전하며 실제의 세계〉라는 착각 속에 갇힌 것입니다.

하지만 사실은 이 신비로움과 경이로움으로 가득 찬 이 우주 속에서 우리가 아는 것은 전체우주에 비한다면 아직 단 1%도 되지 않습니다. 1%도 아는 것이 없는 우리가 나머지 99%에 대해 불신하고 외면하는 것입니다. 우리가 바로 그곳에서 나왔음에도 불구하고.

이것이 바로 현대인들이 빠진 원죄이며 오만입니다.

그러므로 제가 말하고자 하는 것은 이제 그런 존재방식을 버리고 바꾸라는 것입니다.

그런 존재방식으로 살아온 당신에게 대체 그 얼마나 대단한 존재의 기쁨과 축복이 있었나요?

어린아이들은 그런 방식으로 살지 않습니다. 그렇기에 그들은 그렇게도 신비롭고 아름다우며 기쁨과 행복에 충만한 삶을 누리고 있는 것입니다.

제가 아는 분 중에 심상배 박사라는 분은 바로 이러한 방법을 이용하여 원천의학이라는 학문을 개발하고, 원천의학재단을 설립하셔서 아무런 약이나 시술 등을 통하지 않은 채, 오로지 마음 자세만 바꾸는 방법으로 수많은 암 환자나 백혈병 환자 등 난치병 환자들을 일주일 안에 바꾸어 살려내는 놀라운 일을 하고 있습니다.

이러한 사실들이 무엇을 말할까요?

이것은 우리가 수행하고 노력해서 진리를 찾는 방식은 잘못된 것이며, 이것이 아니라 우리가 이미 진리의 한 현상이며 눈앞의 어마어마한 진리가 우리를 살리고 전체를 움직이고 있는 이 놀라운 실상에 눈뜨는 것이 진리를 찾는 올바른 방법이라는 것을 뜻합니다.

그러므로 이제 이러한 진실에 눈을 뜨셨다면 부디 당신의 존재방식을 바꾸십시오.

무엇을 보고 무엇을 따르느냐에 따라 전혀 다른 세계가 나타납니다. 개념과 생각만을 따르면 계속 그러한 진부한 세계만이 눈앞에 나타납니다.

그러므로 잠시 의심하거나 회의하는 것은 좋지만 결론은 항상 삶에 대하여 전폭적인 믿음과 신뢰 속에서 살도록 하십시오. 믿으면 좋은 게 아니라 믿음으로 그러한 세계가 당신 앞에 실제로 나타난다는 것입니다. 이것이 바로 저 유명한 〈시크릿(the Secret)의 법칙〉이기도 합니다.

존재방식을 바꾼다는 것은 우리의 행불행과도 직결됩니다.

여기 예로서 아무리 불행해도 항상 스스로 행복할 수 있는 존재방식이 있습니다. 그것은 그 어떤 상황 속에서도 행복한 방향을 바라보며 자기가 행복하다는 관점을 갖게 되면 그의 존재방식은 실제로 충만한 행복으로 넘치게 되는 것입니다.

예컨대 교통사고가 나서 다리를 하나 잃었다면 두 개를 다 잃지 않음에 행복하고 감사해합니다.

어디가 일부분 아프다면 더 많은 부분이 아프지 않음에 감사하고 행복해합니다.

  암에 걸렸다면 더 일찍 걸리지 않고 지금에야 걸린 것에 감사하고 행복해합니다.

  내일 죽는다면 여태까지 긴 세월 살려주신 삶에 감사하고 행복해합니다.

  자식을 하나 병으로 잃었다면 다른 자식이나 가족 모두를 잃지 않은 것에 감사해합니다.

  이렇게 모든 것에서 항상 긍정과 감사를 본다면 그는 도무지 불행한 생각이 어쩔 수가 없는 지극히 행복한 존재가 됩니다.

  우리는 이렇게 한 생각만 바꾸면 자기의 존재방식을 얼마든지 행복하고도 기쁜 방향으로 바꿀 수 있습니다.

  하지만 사람들은 이렇게 존재하질 않습니다.

  오히려 현대인들은 항상 남과 비교하며 자기의 불행하고 부족한 점만 탓합니다.

  그들은 항상 자기의 삶속에서 티만 찾는 데 열심입니다.

  하지만 우리가 삶속에서 불행과 티를 찾으면 찾을수록 그런 것들은 점점 더 많이 우리 눈앞에 나타나게 될 것입니다. 반면에 우리가 행복과 감사함을 바라다보면 볼수록 우리 삶에 행복과 감사는 넘쳐나게 될 것입니다.

  나는 당신의 삶에 경이로움과 기쁨이 넘쳐나길 바랍니다.

그리고 나는 그렇게 사는 비밀을 알고 있습니다. 그것은 바로 평소 일상적인 삶을 살아가는 나의 존재방식을 자각하고 바꾸는 것입니다.

chapter.06

깨달음의 비밀

과거 내가 알던 나는 참나가 아니다.
내가 지금 여기 있게 하는 〈나〉에 대해 깨어날 때,
실재의 나는 아무것도 아닌 것이며 동시에 모든 것이
다 되는 경이로운 존재임을 깨닫게 될 것이다.

결국 〈내가 있고, 없음 이전의 존재〉라는 자각이나 〈관점 바꾸기〉가 깨어남의 관건이군요.

깨달음을 빨리 얻기 위해서는 내가 그동안 내가 있다고 착각하고 살아왔던 내가 본래 개념적 〈있음〉의 존재임을 알아, 내가 있고 없음 이전의 존재임을 자각하든지 아니면 내가 그동안의 개체관점을 떠나 지금부터는 새로운 관점으로 바꾸어 살면 된다고 이해했습니다.

이제 무언가 제게도 가능성이 보인다고 느껴집니다.

구체적으로 삶 속에서 삶을 변화시키는 방법이 생기니까 따로 수행이라고 일상과 분리해서 따로 해야 할 것도 없어서 좋고요.

깨달음을 빨리 얻는 데도 비밀 아닌 비밀이 있습니다.

그 핵심을 여기에 다시 한 번 간추려보겠습니다.

먼저 첫째 조건이 뭐냐 하면 우리의 일상적인 이 삶이 사실은 일체가 다 우리의 생각 속에서 개념들에 의지하여 만들어진 환상이며, 우리가 〈만들어낸 자기만의 생각 속 이야기(story)〉일 뿐이라는 진실에 눈을 떠야 한다는 것입니다.

우리는 여태까지 살아오면서 다 우리가 만들어낸 관점 속에서 우리의 삶을 바라보면서 생각 속에서 수많은 개념과 평가분석들(예컨대 성공과 실패, 행복과 불행, 옳고 그름, 의롭고 불의함, 깨달음과 미혹, 천당과 지옥, 도덕과 불륜, 선하고 악함, 사랑과 미움 등)을 만들어냈습니다.

그리고 이제 우리가 창조한 그것들에 오히려 거꾸로 사로잡혀서 살고 있습니다. 수백 수천 년간 같은 작업을 되풀이해온 우리는 이제 거대한 생각박스(think box) 안에 갇혀 살게 되었습니다.

그런데 불교에서는 〈깨닫기 위해 다만 분별하지 말라〉는 얘기가 있지요.

이 분별하지 말라는 얘기가 바로 〈나를 둘러싼 이야기를 자꾸 만들지 말라〉는 것입니다.

우리가 만든 생각박스 밖으로 나가는 것이 진리라면 사실 진리는 아주 간단하며 단순명료합니다. 다만 우리가 이렇게 수없는 분별 속에 우리가 만들어낸 이러저런 가치관과 이야기 속에 빠져 그것만을 철석같이 현실이라고 여기니까 문제인 것입니다.

우리 인류의 삶과 내 삶의 모든 것은 이처럼 동화와 같이 우리에 의해 쓰여지고 읽혀지는 동화 같은 환상 속의 이야기에 불과합니다. 이러한 삶의 본질에 대해 눈을 떠야 합니다.

둘째로는 우리는 본래 생각에서 벗어나 생각 이전의 존재, 즉 〈있고 없음 이전의 존재〉라는 것을 깊이 자각해야 합니다.

저는 이것을 한마디로 우리가 살며 존재하는 방식의 〈관점 바꾸기〉라고 표현합니다. 무엇이 있다든지 없다든지 하는 것은 누가 판단하고 결정합니까? 바로 우리의 생각이 합니다. 그러므로 생각하기 이전의 우리는 본래가 있고 없음의 이전에 있는 본래적 존재인 것입니다. 이것의 실체는 바로 위대한 우주 대생명으로서 스스로 여여하게 존재하고 있음의 자리입니다.

하지만 우리는 여태까지 다만 생각 속에서 우리 몸이 여기에 생겨났다는 이유만으로 내가 여기에 〈있다〉라는 생각 속의 개념적인 관점 하나만을 철석같이 신봉하고 그 관점으로 살아왔으며, 지금도 그에 따라 중생이라는 자리에서 벗어나기 위해 열심히 수행하고 있습니다.

하지만 당신이 매일 밤 꿈도 없는 깊은 잠을 잘 때 당신은 분명히 없습니다.

당신의 진정한 모습은 무엇인가를 살펴볼 때 일상 속에서도 아무런 생각을 안 할 때에 당신은 있는 것도 아니고 없는 것도 아닌, 그런 생각 이전의 미지적 존재입니다.

이때 당신은 이미 언어로는 도저히 표현할 수 없는 존재인 겁니다.

그러므로 지금 당신이 아는 당신은 스스로 자기가 있다고 인정하면 있고, 없다고 부정하면 있어도 없다고 여겨지는 그런 분별된 생각 속에 빠져 있는 이야기 속의 존재인 것입니다.

하지만 우리는 태어나서 살아오면서 이 물질세상에서 성공적으로 잘 살기 위해 오로지 생각 속에서 몸을 중심으로 한 〈내가 있다〉라는 이 한 관점만을 사용하기를 잠재적으로 강요받았으며 그런 관점 속에 깊숙이 빠져서 살아왔습니다.

우리는 이렇게 고정된 한 방향으로 생각하고 살기만을 강요받았습니다. 그래서 당신은 지금도 부지불식간에 생각 속의 나의 존재를 있다고 확신하며 살고 있는 것입니다. 우린 너무나 〈아무개의 인생〉이라는 이 영화 속 이야기에 깊이 빠졌습니다.

바로 그렇기에 우리가 이렇게도 깨닫고 깨어나기가 힘든 것입니다. 왜냐하면 본래적 우리는 있다 없다 하기 이전의 존재인데, 우리는 우리도 모르는 사이에 단지 〈있다〉라는 한 가지 고정된 관점만 가지고 살기를 교육받고 서로가 서로에게 그런 최면을 걸면서 그 문화와 환경 속에서 진실을 그렇게 여기며 살아왔기 때문입니다.

　이러한 거대한 착각은 다 이 개체의 몸만이 나라는 착각에서 비롯된 것이며, 전체와 분리할 수 없는 하나인 나라는 섭리를 망각한 데서 생겨난 것이지요.

　하지만 이제 우리는 이 비밀을 알았으니 이제 관점을 확 바꿉시다.

　내가 내 마음속에서 이 몸을 중심으로 한 개체성의 나를 있다고 전제하니까 있다고 하는 그놈을 죽이고 버려야 하며 그렇게 오랜 시간 닦고 수십 년을 수행해야 합니다.

　하지만 관점만 바꿔서 이것 하나만 바꾸면 전혀 그럴 필요가 없어집니다.

　즉, (개체성의 내가 전체에 대하여) 일단 본래 〈없다〉라는 태도만 취한다면, (또는 본래 있고 없는 그런 상대적인 존재가 아니라 절대적인 우주대자연과 분리할 수 없는 하나라는 태도를 가진다면) 우리는 그 순간부터 더 이상 닦을 것도 없어지고, 죽이고 버리며 힘들게 수행할 것도 몽땅 사라진다는 말입니다.

　그러므로 진실은 우리가 열심히 수행하는 데 있지 않고 바르게 알아차림(正見)에 있습니다.

　첫 단추를 바로 꿰는 데 있습니다. 첫 단추란 과연 이렇게 나타난 내가 〈전체와는 별도로 분리 독립되어 개체만으로 존재하고 있는 것인가 없는 것인가〉를 제대로 살펴보며 직시하는 것입니다. 우리는 비록 이 몸을 갖고 이 물질계에 나타나 있지만 전체와 분리되어 따로 존재하지 않습니다.

이제 그 이유를 한번 더 구체적으로 확인하고 알아볼까요?
우리는 무슨 소리가 난다면 〈내〉가 소리를 내거나 듣는다고 합니다. 하지만 여태까지 우리는 그렇게 교육받았기 때문에 그렇게 알고 있는 것일 뿐, 진실은 우주 전체가 그 소리를 내고 듣는 것입니다.

왜 그럴까요?
하나의 소리가 있으려면 어떤 대상 간에 서로 충돌작용이 있어야 하며, 공기가 그 충돌을 대기 중에 진동으로 변환하여 우리가 가진 이 몸의 청각도구에 전달해주어야 합니다. 그러므로 하나의 소리가 있기 위해서도 전 우주가 다 동원되는 것입니다. 그러기에 진실은 내가 소리를 내거나 듣는 게 아닙니다. 이것은 다 우리가 빠진 착각이며 이야기입니다.

이것을 다른 말로는 연기법(緣起法)이라고 합니다. 연기법이란 일체의 현상은 전체가 항상 서로 연관되어 모든 것이 일어난다고 보는 것입니다. 우리는 모두가 본래 이런 연기적인 존재입니다. 그러므로 사실은 우주 전체가 이렇게 다양한 모습으로 나타나 전체가 하나로 어울려 사는 것이지, 그 어느 개체나 부분도 혼자 따로 사는 게 아닙니다. 앞에서도 말했듯이 이미 우리의 몸이 이런 법칙 속에서 살려지고 있습니다.

그래서 이제는 제발 관점을 한번 확 바꿔서 똑바로 진실을 보며 살아보자는 것입니다. 즉, 이제는 내가 (전체와 분리되어 홀로 존재하지는 않는다는 뜻에서) 따로 〈없다〉라는 바른 생각을 가지고 한번 이 삶을 다 우리가 해석하고 스스로 여겨 만들어낸 이야기로만 보면서 색다르게 살아보자는 것입니다.

그럼 바로 나오는 질문이 〈이렇게 먹고살기 힘든 현실을 어떻게 〈없다〉라는 생각 가지고 꾸려나갈 수 있을까요?〉일 것입니다.

하지만 나는 〈없다〉라는 생각을 갖는 것과 현실을 열심히 산다는 것은 별개 문제입니다.

기독교에서 재산을 자기 거라고 여기지 않아도 청지기 정신으로도 자본주의를 발전시킬 수 있었듯이, 우리가 이 세상의 삶을 다만 이야기라고 여긴다 해도 그것을 소홀히 한다는 소리가 아닙니다. 다만 그렇게 자기를 비운 자세로 더 열심히 살 수도 있다는 것을 자각하고 경험해야 합니다. 사실 그렇게 인생을 산 사람이 더 크게 성공하는 게 현실이 보여주는 진리 아닌가요?

세 번째로 그렇게 살다보면 우리는 스스로의 이 물질계 속에서의 삶을 다만 연기(演技)하는 배우처럼 살게 되지만 그러나 그 이면에 그 무엇도 아니며, 그 어떤 것으로도 정의할 수 없는 크게 텅 비워진 (부디 이것을 또 형상으로 만들어 가지지 마십시오) 우리 자신의 본질(본래면목의 자리)을 만나게 된다는 것입니다.
　저는 이것을 우주 속에 항상 영원히 존재하는 모든 존재의 위대한 배경이자 근원인 것, 바로 살아 있는 지금 여기(NOW)를 만남이라고 표현합니다.

　스스로 지금 여기(이것은 결코 우리가 아는 식스존 영역인 내 몸이 있는 장소인 시공간을 표현함이 아니다) 속에 살아 있는 참 우주의 모습을 자각하고 발견했다면, 그리고 그것이 바로 자기의 몸과 마음 이전의 존재인 영임을 자각했다면 그는 이제 불교식으로 말해 초견성(超見性)을 한 것입니다. 기독교식으로는 휴거(공중 들림)의 은혜를 입은 사람이고요(이것이 바로 하나님의 모습을 닮은 초월적인 모습으로서의 우리라는 말의 뜻입니다).
　이 존재는 스스로 항상 새롭고 항상 생동합니다.

　이것을 생각이나 감각으로 정의하고 붙잡거나 느끼려 하지 마십시오. 오히려 그대 자신이 알던 식스존 영역의 내가 사라지고 나면 저절로 이것이 나타납니다. 나는 그대가 다만 스스로를 비우고 이것이 그냥 되길 바랍니다. 그대는 그대의 삶을 이것이 충실하게 살도록 열고 허락하기만 하면 됩니다. 이것이 영성적인(성령이 충만한) 삶입니다.

그대가 그렇게 스스로를 인정하고 그것이 되기로 허락할 때 이제 그대 속에서 천지만물의 모든 것이 새롭게 다시 살아나며 그대의 몸이 더 이상 과거 육체의 몸에만 국한되어 느껴지지 않게 됩니다. 모든 것이 그대에게 자기의 신비로운 본질을 열어 보여줍니다. 모든 것의 경계가 그대가 마음으로 인정하고 허락하는 만큼 열리고 확대되거나 축소됩니다. 모든 것이 거대한 정숙함과 고요한 정밀함 속에서 비밀의 빗장을 풀고 그대에게 삼라만상과 모든 존재의 본질을 느끼게 해주기 시작합니다.

그럴 때 우리는 비로소 우리가 진정으로 우주 전체와 분리되지 않은 하나의 존재이며 우리는 깊은 마음 차원에서 다 연결되어 있음을 자각하게 됩니다. 이럴 때 우리는 다만 〈존재 그 자체이자 영원한 있음〉으로서 모든 것과 동격인 자기를 새롭게 재발견하는 〈범아일여〉가 체험됩니다.

그리고 더 나아가 수증기와 물과 얼음의 관계처럼 세상에 아직 나타나지 않은 것과 모든 숨어 있는 섭리들과 세상에 나타난 것들이 다 본질적으로는 존재이자 있음 그 자체로서 하나임을 크게 자각하게 됩니다.

그대는 그러면서 스스로가 이야기 같은 과거의 현실세계가 오히려 꿈이었으며 그렇게 자기 내면에서 나타난 세계가 참된 실상의 세계임을 진실하게 보고 듣고 느끼게 됩니다.

모든 것이 이 안에서 빛나며 되살아나며 매 순간 새롭습니다.

왜냐하면 이제부터는 모든 것이 전체이자 하나 됨이지만 동시에 살아서 움직이는 전체적 존재로서 일체가 다 나라고 여기면 나이며, 아니라고 여기면 홀로 존재하는 그 무엇이기 때문입니다.

그리고 일체의 과거, 현재, 미래가 끊어진 그 자리에는 오로지 시간 이전의 영원과 합일한 순간만이 바로 영원과 연결되는 상황으로 펼쳐져 있습니다.

먼저 지금 당신이 현실이라 여기는 모든 과거와 현재의 삶이 다 이야기임을 자각하십시오. 그리고 그 다음 단계로서 스스로를 〈내가 있다〉는 마취와 최면에서 꺼내어 있고 없음 이전의 존재로 만드십시오. 이제 삶에 대한 당신의 관점을 바꾸어 개체인 당신이 사는 것이 아닌 전체의 일부분인 당신의 몸속에 전체의식인 우주의 대생명력이 깃들고 존재하는 것으로 보십시오.

그러면 그 다음은 바로 살아 있는 실재가(이것을 신이라 부르든 성령이라 부르든 상관없습니다) 그대 안에서 서서히 나타나기 시작할 것입니다.

당신이 그렇다고 하면 그것이 그렇게 드러나서 실재하기 시작합니다.

그 다음은 그에게 맡겨두십시오.

이것이 그대가 초월자와 만나고 그와 하나가 되는 과정입니다. 비밀은 그대가 스스로 자기의 실체를 직시하고 독립된 개체로서 따로 〈있다〉라고 착각하지 않는 데 있습니다.

내가 살아온 삶이 개체의 내가 〈있다〉라는 착각을 만들었습니다.

일단 〈있다〉고 전제한 후 다시 그 개체의 나를 닦고 수행하여 없애려 하니 그렇게도 힘이 드는 것입니다. 전체와 분리 독립된 개체로서의 나는 원래부터 없습니다.

진실을 똑바로 보면 환상은 사라지게 되어 있습니다.

더 닦을 것도 없고 수행할 것도 없으며 따로 더 내려놓거나 죽이고 버릴 것도 없습니다.

그렇게 수행할 주체인 개체의 내가 본래 없습니다.

다만 전체로서 지금 여기에 활연하게 살아 있는 전체성의 나 즉, [NOW]만이 활발합니다. 보이지 않는 전체와 그 힘이 지금 [NOW]로서 그와 하나가 된 나를 통해 나타나고 있습니다. 내가 알던 과거의 내가 이제 보니 이 몸 안팎에서 살아 움직이던 부분적인 움직임들에다가 개념과 이름들을 붙이고 이야기를 써댄 것들이었습니다.

크게 관점을 바꾸어 보니 이제 전체가 하나로 살아 움직이는 것이 다 보입니다. 모두가 꿈을 꾸고 있습니다. 하지만 진정한 [NOW]를 만난 그대는 이제 실재에 대해 눈을 떴으며 영원하며 초월적인 근원의 존재가 되었습니다.

그대는 이제 매 순간 새로이 탄생하며 매 순간을 〈있고 없음〉으로 존재하게 하는 빛나는 현재진행형의 살아 있는 의식활동 그 자체입니다.

이것은 굳이 말로 하자면 〈아무것도 아닌 것〉일 뿐입니다.
하지만 이것은 살아 있기에 언제든지 〈모든 것으로 되어 나타나는 것〉입니다.

다른 말로 하자면 동시에 〈공즉시색〉적 존재이면서 〈색즉시공〉적 존재이기도 하다는 말입니다. 멀리 갈 것도 없이 당신의 오늘 하루를 잘 살펴보세요.

당신은 잠잘 땐 아무것도 아닌 것이었다가 깨어나서는 이런저런 생각을 하는 자가 되다가 또 그다음엔 세수하는 자도 되고 커피를 마시는 자도 되며 회사원도 되고 일하는 자도 됩니다.

하지만 당신은 아무 생각 없이 그저 가만히 있을 때도 있는데 그때의 당신은 이미 아무것도 아닌 존재일 뿐입니다.

당신은 이미 이렇게 〈아무것도 아닌 것〉이며 동시에 〈모든 것이 다 되는 것〉입니다.

이제 생각 속에 다시 빠지지 말고 다만 그것으로서 존재하십시오. 그러면서 그것조차도 나오는 그 이전의 보이지 않고 붙잡을 수 없는 근원의 나로서 존재하십시오. 이것이 내가 지금 당장 과거의 나로부터 깨어나는 깨달음의 비밀입니다.

chapter.07

아무것도 아닌 것

우리의 본질은 아무것도 아닌 존재이다.
하지만 이 말을 머리로만 이해한다면 당신은
〈아무것도 아닌 것〉이라는 말에
붙들린 것(존재)으로 전락할 것이다.

〈아무것도 아닌 것〉이라니요?

또 동시에 〈모든 것이 되는 것〉이라는 말도 잘 모르겠어서 실감이 안 나고요.

뭔가 이해가 될 듯 말 듯하면서도 아직은 잘 모르겠어서 속만 답답합니다. 조금만 더 깊이 있게 제가 이해가 가도록 가르쳐주시면 좋겠습니다만.

당신은 먼저 〈안다〉는 것과 〈모른다〉는 것의 차이가 어떤 것인지에 대해 알아야 합니다.

당신은 지금 깨달음을 모르기 때문에 좀 더 알고 싶다고 말하고 있습니다. 하지만 진정한 깨달음이란 〈알고 모름〉 속에 있지 않습니다.

왜냐하면 안다거나 모른다는 것은 머리로 언어와 지식 또는 느낌을 기억 속에 되살려 무언가를 대상화하고 다시 그것을 내가 붙잡아 둘 수 있느냐 아니냐의 문제로 삼아버리기 때문입니다.

실로 안다든가 모른다든가 하는 것은 우리 생각 속에서 쓰는 똑같은 생각의 재료에 불과합니다.

그것은 생각으로 짓는 집의 구성요소인 벽돌에 불과하다는 것입니다.

다만 〈안다〉는 벽돌은 빨간색이요, 〈모른다〉는 벽돌은 검정색일 뿐입니다.

색깔만 다를 뿐 무엇인가를 쌓아올리는 벽돌이기는 마찬가지라는 말입니다.

그러나 깨달음이란 자리는 그렇게 벽돌로 무엇인가를 쌓아올려 짓는 것이 아니라 모든 벽돌을 다 부수어 집을 허무는 것입니다.

그래서 벽돌집이 서 있던 그 자리에 단 하나의 벽돌도 다른 벽돌 위에 쌓아올려진 것이 남아 있지 않도록 허무는 것입니다.

이것이 예수가 성경에서 예루살렘에 대해 "아무것도 남아 있지 않게 될 것이다."라고 〈실상선언〉을 한 말이기도 합니다. 사실 모든 것은 언젠가는 다 그렇게 돌아가기 마련이니까요.

그러므로 당신은 언어와 생각으로만 이해하려 들지 마십시오.

이제는 새로운 존재방식으로 존재해봅시다.

즉, 다시 말해 과거와는 달리 〈안다〉도 내려놓고, 〈모른다〉도 내려놓아보세요.

당신은 벽돌집을 짓는 과정에서는 〈안다〉는 기존의 알맞은 위치에 쌓아올렸고 〈모른다〉는 어디에 쌓아야 적당한가를 그 크기와 생김새를 보며 찾아왔을 것입니다.

이것이 〈모른다〉라는 벽돌을 처리하는 당신의 과거방식입니다.

당신은 그것을 반드시 어떻게 처리해야만 했습니다.

하지만 이제는 자기 생각 속의 〈모른다〉에도 무관심해지세요.

사실 알고 보면 이 세상에는 당신이 아는 것보다는 모르는 것이 훨씬 더 많습니다.

당신은 스스로도 자기가 모르는 데서 왔고 모르는 곳으로 가는 존재입니다. 당신이 〈모름〉을 〈앎〉과 동등하게 다루기 시작하고 그렇게 느끼기 시작할 때 비로소 당신의 마음이 지은 집은 완전히 허물어지며, 그 집이 본래 아무것도 아닌 환상 속의 허상이었음이 드러날 것입니다.

이렇게 〈모름〉을 내려놓을 때 당신은 스스로 자기 안에 이미 예전부터 〈앎과 모름〉이라는 생각 이전에 이 모든 생각들을 굴리면서도 스스로를 드러내지 않던 나라는 투명한 존재의 〈있음〉에 대해 눈을 뜨게 될 것입니다.

당신은 그것을 예전엔 〈아무것도 없다〉라고 표현해왔습니다만, 이제는 그런 언어의 속임수에서 깨어나야 합니다. 거기엔 아무것도 없는 것이 있지 않습니까?

그냥 당신은 항상 이렇게 존재하고 있었으며 지금도 그러합니다.

이것의 존재방식을 직접적으로 가르치는 도구나 수단은 우리에게 아직 없습니다.

그래서 제가 이렇게 〈아무것도 아닌 것〉임과 동시에 〈모든 것이 되는 것〉이라는 생소한 방편의 말을 사용하는 것입니다.

이제는 과거의 존재방식에서 벗어나세요.

그러려면 더 이상 〈안다〉에 만족하지 말고, 또 〈모른다〉에도 불만족하지 마세요.

그것은 단지 어떤 언어체계가 당신이 가진 논리회로 안에서의 작동방식에 잘 들어맞느냐 아니냐의 문제일 뿐이니까요.

그리고 〈모른다〉조차도 담담하게 내려놓으세요. 모르면 모를 뿐이고 알면 알 뿐입니다.

단지 그럴 뿐이며 그것은 생각 속의 문제일 뿐이라고 받아들이면서.

그때 분명히 당신에게 전혀 새로운 존재방식으로 그 이전부터 존재해왔던 당신이라는 실재의 새로운 〈있음〉이 과거의 낡고 진부한 언어인 〈아무것도 없음〉을 뚫고 찬란하게 드러날 것입니다.

이것이 〈아무것도 아닌 것〉입니다.

하지만 이것은 명백하게 살아 움직이기에 동시에 〈모든 것이 되는 것〉입니다.

이 아무것도 아닌 자리에서 모든 것이 다 나타납니다.

이것은 마치 색즉시공과 공즉시색이 둘이 아니란 말과도 같습니다.

또한 모든 것을 다 삼키는 블랙홀의 이면에 다시 모든 것을 다 뿜어내는 화이트홀이 있다는 말과도 같습니다.

그런데 신기한 것은 이미 우리가 사는 이 대우주가 그러한 존재방식을 취하고 있지 않습니까? 중요한 것은 당신이 이것을 이해해서 아느냐 모르느냐가 아니라 당신이 〈모름〉조차도 이렇게 객관화하여 내려놓을 수 있느냐 없느냐에 달려 있습니다.

그것을 내려놓을 때 당신은 이제까지와는 전혀 다른 존재방식으로 내가 인식하지 못했던 영역에서 존재해왔던 자기 안의 놀라운 나를 발견하게 될 것이기 때문입니다.

제4장
깨달음의 비밀

명상하기

1. 〈내 안의 나〉와 〈내 밖의 나〉란 각기 무엇인가?

2. 있음과 없음이라는 표현의 한계에 대한 명상

3. 내가 〈없다〉는 말의 진정한 뜻은?

4. 〈무아〉인 개체의 나 속엔 무엇이 들어 〈있다〉는 말인가?

5. 관점 바꾸기란 무엇을 어떻게 바꾸자는 말인가?

6. 전체마음이란 무엇인가?

7. 전체관점이란 무엇인가?

8. 깨달음의 비밀이란 결국 무엇인가?

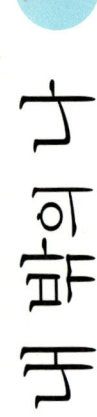

내 바다

| 제5장 |
깨어 있음과 명상수행

chapter.01

배역과 배우의 차이

당신은 〈아무개의 인생〉이라는 자기가
주인공인 영화를 찍고 있다.
하지만 당신은 너무나 이 영화에 몰입하다 보니
자기가 진짜 누구인지를 잃어버린 채 배역만이
자기인 줄로만 알고 있다.

제목이 재미있습니다.

연속극 속의 배역 인물과 실제 배우의 차이를 생각해보면 아마도 연속극 속의 존재는 가상인물임에 반해서 실제 배우는 실상적인 인물이란 것 아니겠습니까?

이 차이점을 알아 우리가 진정한 우리 자신에 대해 깨어난다면 과연 어떤 현상이 나타나나요?

가끔 내가 과연 지금 수행을 잘 하고 있는지 궁금한데요, 자기를 점검하는 하나의 기준으로서 알아두면 좋을 것 같습니다.

앞에서 이해하셨듯이 당신은 여태까지 개념 속에 빠져 있었습니다.

당신은 생각과 감각을 통해 그런 것들을 일으키고 겪는 주체를 〈나〉라는 포괄적인 개념(생각)으로 정리해 그것을 나라고 여겨왔습니다.

하지만 저는 분명하게 말합니다.

당신의 그런 존재방식(생각, 감각, 감정 등)은 참다운 그대가 아니라 단지 참다운 그대(참나)가 그런 능력을 통해 자기를 나타내는 방법일 뿐이라고. 당신은 그동안 그러한 능력에 속아 그 능력을 내는 진짜 주인공은 못 알아본 채, 겉으로 드러난 존재방식에 불과한 그 능력들 속에서 그 현상을 자기라고 여긴 착각을 범하며 살아오신 것입니다.

이것은 마치 연극속의 이름뿐인 가상(假想)의 주인공과 그 배역을 실제로 하는 살아 있는 실재(實在)의 배우를 혼동하는 것과 같습니다.

전에 인기리에 방영된 〈선덕여왕〉이라는 연속극이 있었습니다. 그 연속극 속에서 〈미실〉이라는 주인공 역을 배우 〈고현정〉 씨가 맡아 열연했습니다. 사람들은 그 연속극을 보면서 〈미실〉이라는 상상속 인물의 삶을 재미있게 구경했지만 사실 그것을 실제로 연기하고 있는 존재는 〈미실〉이 아닌 배우 〈고현정〉 씨입니다.

우리의 삶도 이와 꼭 마찬가지입니다.

당신은 지금 당신이라는 삶을 사는 것은 인간 아무개 씨인 〈나〉라고 생각합니다. 하지만 그 나는 우리가 당신의 삶이라는 이 연극 속에서 당신을 부르는 〈미실〉과 같은 이름인 것입니다.

그것은 진정한 그대의 이름이나 모습이 아닙니다. 그것은 우리 모두가 다 같이 빠진 〈인간 아무개 씨의 일생〉이라는 연속극 이야기 속의 이름입니다.

인간 아무개 씨는 그저 이름이며 기억이며 생각 속의 상념일 뿐이지만, 진정한 그대는 바로 지금 이 대우주 생명으로서 그대의 육신을 움직이고 숨 쉬게 하며 아침에 먹은 밥을 소화시켜주는 살아 있는 존재입니다.

허구의 〈미실〉이 아니라 살아 있는 〈고현정〉에 해당하는 진정한 그대는 텅 비어 있으며 아무런 모습이 없는 영(靈)의 모습이지만 지금 이 순간도 당신이 생각하고 온갖 감각과 감정들을 느끼게 하고 있습니다.

이것을 굳이 말로 표현하자면 아무것도 아닌 것인 동시에 모든 것이 다 되는 것입니다. 그래서 지금 이 순간에도 그러한 방식으로 존재하고 있습니다.

그래서 진리는 명사가 아닌 현재진행형의 동사라는 것입니다.

우리는 생각하지 않을 때에도 내가 존재하고 있음을 느낍니다.
내가 존재하는 것은 식스존으로는 표현하기가 어렵지만 그러나 분명히 내가 그것들을 작동하게 하는 근원적 존재임은 확실합니다.
내가 이렇게 진정한 참나에 대해 깨어날 때 그동안 내가 나라고 여겨왔던 인간 아무개 씨(이름)는 그저 하나의 생각과 상념에 지나지 않는 환상 속의 존재임을 우리는 발견하게 됩니다.

이제 그대는 자기의 배역과 그를 실제로 움직이는 배우를 분리해야 합니다. 내가 알아왔던 나는 배역에 불과했습니다. 그는 지금 이 순간 살아 있는 존재가 될 수 없으며 단지 기억되는 이름표와 같은 존재입니다. 그대는 그 이름표를 생각 속에서 저장하고 기억하며 상상 같은 존재였습니다.

하지만 가짜 그대인 그는 오로지 그렇게 그림자 같이 환상으로서만 생각 속에 존재할 수 있습니다. 그러나 진짜 참다운 그대는 바로 지금 이 순간 그대의 몸과 마음을 움직이며 살리고 있는 위대한 우주 대생명 에너지 그 자체입니다.

이제는 이야기 속 이름에 불과한 〈미실〉에 대한 관심은 적당히 유지하더라도(연극은 계속되어야 하니까), 부디 당신 안의 진짜 배우인 〈고현정〉을 알아보십시오. 당신은 바로 지금 이 순간(NOW)조차 있게 하는 최종적인 존재입니다.

당신이 스스로 자신이 이것임을 항상 잘 자각하고 계신다면 그대는 수행을 잘 하고 있다고 말할 수 있습니다.

아니 수행이라기보다는 근본의 존재로서 흔들림 없이 잘 존재하고 있다고 말할 수가 있지요.

　하지만 그대가 삶의 매 순간순간 속에서 때로는 실상의 이 자리에, 때로는 허상의 아무개 씨인 저 자리에 자각과 중심 없이 흔들리며 왔다 갔다 하신다면 그대는 아직 집중적인 자각수행이 더 필요한 사람입니다. 그대는 아직 술이 덜 깬 사람으로서 무언가 조치가 더 필요한 존재입니다. 이것이 그대의 수행을 점검하는 기준이라면 기준이 될 것입니다.

chapter.02

마음이 죽음 후에도 존재하는 증거

우리는 마음이니 몸이니 하면서 언어를 만들어 마치
그것이 실재인 양 느끼며 거대한 착각 속에 빠져 있다.
하지만 사실은 이 모든 것은 영원한 존재인 H_2O가
물이나 얼음으로 나타나는 일시적 현상과 유사한 것이다.

이제 당신이 말하는 그 참나라는 게 뭔지 대충 짐작이 갑니다. 말로는 표현하기 어렵지만 그것은 나라는 존재 그 자체를 움직이는 근본적인 힘이며, 나의 모든 식스존 존재방식을 있게 하는 근본적인 바탕이 되는 살아 있지만 보이지 않는 힘 같은 존재임을 알겠습니다. 이제 그것을 저도 막연하나마 느끼기 시작했습니다.

내가 알던 나란 내 생각 속에만 있는 존재였는데, 이것은 생각을 안 해도 생각과는 아무런 상관 없이 지금 여기에 항상 존재해 있습

니다. 모든 게 이것 하나 안에 다 들어 있는 듯 느껴지며 과거의 저는 마치 허구의 이야기 속 주인공처럼 이름뿐인 허깨비 나였으며 과거 내 삶은 그런 이야기 속의 환상처럼 되어버립니다.

그러면서 이 하나가 뚜렷해져서 일체가 다 밝아지게 됩니다.

참 대단한 발견을 하게 해주셨습니다. 이제는 내가 알던 나와 내가 몰랐던 내가 다 같이 드러나는군요.

그런데 의문점이 있습니다. 과연 이렇게 알게 된 내가 과연 영원히 불변하는 참다운 나라고 할 수 있나요? 이 역시 혹시 하나의 일시적인 체험이나 느낌이 아닐까요? 그래서 내가 죽으면 더불어 사라지는 그런 허상적인 존재가 아닐까 생각도 해봅니다.

제가 최근에 싱가포르에 갔다가 마린센터수족관에서 심해에 사는 특이한 생물과 어류들을 보았습니다. 그들 중에는 생물이라고 하기엔 지나칠 정도로 괴이한 모습을 하거나 혹은 너무나도 아름다운 색깔로 지구상의 생물 같지 않은(그래서 이름도 angle fish라든가 했습니다) 예쁜 것들도 있었습니다.

재미있는 것은 과학적인 조사에 의하면 이들이 처음부터 이랬던 것이 아니고 사는 환경과 조건에 따라 점차적으로 몸의 어느 부분이 퇴화하거나 발전해서 그렇게 되었다는 것입니다.

그런데 중요한 것은 단 한 세대에 이들이 그렇게 변화한 게 아니고 적어도 수백 수천 세대, 그러니까 수천 년 이상에 걸쳐서 그렇게 지속적으로 변화해왔다는 것입니다.

그렇다면 여기서 아주 중요한 문제가 대두됩니다. 즉, 그들 속에서 무엇이 살아남아 그렇게 오랜 세월에 걸쳐 유효하게 작용하면서 그들의 몸체를 진화 혹은 퇴화시켰는가 하는 점입니다.

과학자들은 이것을 DNA에 입력된 정보라고 풀이하지만, 그러니까 대체 이러한 경우에 DNA 속에 입력된 정보(information)라는 것의 본질이 뭐냐 하는 문제입니다. 그것은 필요한 기능을 더 잘 쓰고 발전시키고자 하는 그 존재의 마음속 욕구들이 모이고 모여서 집단화되고, 그것이 다시 각 개체들의 죽음을 넘고 여러 세대를 건너서 존속하면서 보이지 않는 힘으로 후손들의 몸에 작용한 결과가 아닐 수 없습니다.

이 눈에 보이지 않는 이 힘의 정체가 뭘까요?

저는 이것을 간단하고도 쉽게 말해서 바로 마음이라고 설명하고자 합니다. 마음 중에서도 집단의 간절한 욕망이 깃든 마음이지요.

유대인들 사이에서 다 낡고 비현대적인 까다로운 조건들로 가득한 유대교가 아직까지도 강하게 살아남는 것은 그들 사이에 그런 집단의 마음이 서로 네트워크 속에서 강하게 살아 있기 때문입니다. 마찬가지로 뭔가 꼭 집어서 이거다 하긴 어려워도 우리 한민족에도 그 나름대로의 고유한 특성을 가진 정서가 있지 않습니까?

　그러니까 다시 말하자면 기독교에서 말하듯이 하나님이 첫 창조로 모든 것이 결정되어 완전하게 창조된 것이 아니라(우주의 심원한 진리현상에 대해 학자들이 부족한 자기 지식으로 다 설명하고자 하는 시도 자체가 무리인데), 이 물고기들의 몸에서 볼 수 있는 퇴화 및 진화 현상처럼 아직도 모든 생명체들은 개체를 뛰어넘어 집단적으로 스스로 진화 발전하고 있다는 것입니다.
　그것도 바로 다름 아닌 그들의 〈마음〉에 의해서!
　이것은 우주에 존재하는 마음이라는 하나의 불가사의한 에너지가 얼마나 강력한 존재인가를 우리에게 잘 설명해줍니다.

　깊고 어두운 바다 속에서 별로 볼 게 없는 생물들은 눈보다는 감각에 더 예민한 발전을 했습니다. 스스로 빛이 필요한 존재들은 스스로 발광하는 세포를 갖게 되었습니다. 그 결과 눈이 퇴화되었고 빛나는 촉수가 생겨났으며 납작해졌거나 입이 커졌습니다. 이것은 다 보이지 않는 마음이 각 개체들의 열망 속에서 그 개체들의 죽음을 초월하면서 살아남아 오랜 시간에 걸쳐 그 종류의 생물 후손들의 몸에 나타나고 작용했다는 살아 있는 증거입니다.
　다시 말해 마음이 오히려 몸을 창조한다는 증거라는 얘기지요.
　한 개체의 물고기가 죽어도 그러한 마음은 계속 초 육체적 에너지로서 존재했던 것입니다. 그렇게 보지 않으면 이러한 현상을 달리 설명할 도리가 없습니다. 사람도 마찬가지입니다. 현대의학은 간질이나 선천성 유전에 의한 질병 또는 암들도 그렇다고 말하지만, 이러한 섭리에 입각해 보면 이들 역시도 다 세대에서 다음 세대로 집중적으로 전해지는 마음이라는 초 육체적 에너지의 일종인 것입니다.

물론 그중에는 반갑지 않은 에너지도 있고 반대로 좋은 에너지도 있습니다.
그 예로서 무당이 되는 집안은 부모 세대가 죽어도 그 마음이 자꾸 자손 세대로 전달되어 살아남기에 자손이 대대로 무당이 됩니다. 그런데 이러한 에너지들의 정체(과학자들은 자꾸 물질적으로 볼 수 있는 것에만 매달리니까 DNA 이야기만 하지만)는 결국은 우리가 가진 마음의 작용이란 것입니다.

마음은 바로 이렇게 우주적으로 그 어디에서나 다 작용하고 활동하는 우주적 힘이자 엄연한 또 하나의 실재적 존재인 것입니다. 그래서 마음이 곧 천지를 창조하는 하나님의 손이며 발이며 섭리이며 말씀인 것입니다. 이제는 마음과 신이라는 언어에 속아서 그것들이 각각 다르다는 착각 속의 고집은 그만 벗어나야 합니다.
이러한 마음에는 상념체, 감정체, 그리고 욕망체의 세 가지 종류가 있습니다. 이들은 각기 자기 성질의 에너지를 갖고 계속하여 살아남기를 원하며 존재하고자 합니다.

　오늘날 이렇게 기독교와 이슬람의 문명이 충돌하는 것 역시 그 원인을 살펴보면 옛날 십자군 전쟁 때 죽은 많은 영혼들의 마음이 지금 이 시기에 집중적으로 다시 돌아오기 때문입니다.
　우주의 모든 사랑, 애착, 증오, 전쟁, 욕망은 그것이 창조된 (집단적)존재에 의해 소멸될 때까지 계속해서 살아남습니다. 모든 개체성은 곧 기억에서 잊히고 사라지지만 그들의 마음 안에 창조된 에너지들은 오래오래 지속됩니다.

　이것이 마음의 법칙이며 우주의 섭리입니다.
　그러므로 우리가 이러한 마음의 지배영역 차원에서 벗어나려면 자기가 본래 누구이며 무엇인가를 끊임없이 자각하고 마음이 창조하는 하급차원적 심령에너지의 세계로부터 벗어나야 하는 것입니다.
　지금 그대를 지배하는 습성에서 좀처럼 벗어나기 어렵다면 그것은 그대가 아닌, 그대 이전 세대의 에너지가 그대에게 지배력을 행사하는 것일 수도 있습니다.

　모든 존재는 육체적으론 이렇게 분리 독립되어 있지만 사실 진리로 보면 다 이면은 서로 연결되어 있고 단 하나도 따로 분리되어 있지 않습니다. 그래서 이런 차원에서 벗어나기 위해서라도 우리의 자기 정화와 자각의 깨어남이 절실하게 필요한 것입니다. 그대 안에서 그대를 지배하는 힘을 가진 개체마음을 적극적으로 극복해야 하는 이유도 여기에 있습니다.

굳이 가진다면 좋은 경험과 에너지를 가지는 것이 권유되는 것도 마찬가지 이유에서입니다. 이것을 사람들은 선과 악이라고 이름을 붙일 따름입니다. 우리는 이러한 우주의 섭리를 잘 깨우치고 그에 따라 살아야 합니다.

눈에 보이는 것만이 우주의 전부는 아닙니다. 눈에 보이지 않는 우주는 더 깊고 더 세밀하며 더 크게 존재하고 있습니다. 마치 서리와 눈이 내리고 있으면 대기 중엔 더 많은 수증기가 존재함을 의미하듯이 말입니다.

그래서 우리가 자각하고 스스로를 정화하는 것은 그대로 우주 이전의 법계(근본우주계)를 정화하고 우주에너지를 순화하는 것입니다. 그래서 기도를 많이 하는 것도 아주 좋은 수행의 한 방법이 됩니다. 나에게 미쳐오는 집단(조상)마음의 좋고 나쁜 에너지로부터 나를 보호하거나 제외하거나 내 세대에서 멈추는 것 역시 내가 하기 나름입니다.

그러므로 모든 존재들의 마음은 이런 우리의 주변 현상에서도 볼 수 있듯이 세대를 건너 육체의 죽음 이후에도 계속해서 이어지면서 존재하는 것입니다. 이것이 당신의 육체의 사후에도 당신이라는 존재방식의 잔존현상이 계속될 수밖에 없는 이유입니다.

chapter.03

무엇을 깨닫는 것인가

깨달음이란 어떤 경지를 얻는 게 아니라
나 스스로가 본래 아무것도 아닌 것임을 아는 것이다.

그런데 제가 여태까지 들은 〈깨달음이란 이런 것이다〉라는 가르침들과 비교해보면 좀 뭔가가 다른 것 같아요. 기왕의 불교에서는 숙면일여, 생사일여 등을 해야 깨달음이라고 말하고 있고, 하루 24시간 일여한 의식이 계속되어야 한다고도 말하던데요? 그런 어려운 경지에 비한다면 지금 제가 안 〈나〉라는 존재는 너무 쉽게 드러나서 좀 본격적인 깨달음과는 거리가 있는 게 아닌가 하는 의문이 들기도 합니다만.

사람들은 깨달음에 대한 여러 가지 환상을 많이 가지고 있습니다. 그래서 본성을 깨닫는다는 것에 대해 우주가 되어야 한다든지 범아일여나 몽중일여, 숙면일여를 체험해야 한다든지 하는 세상 사람들이 말하는 전제조건들에 많이 집착합니다. 그러나 진정한 깨달음이란 과거의 내가 여전히 살아남아 그런 것들을 소유하려고 애쓰고 집착하는 게 아닙니다. 그런 것들은 수행에 의해 나타날 수도 있는 일시적인 현상경계에 불과하지 그것들이 스스로 진리가 되어서는 안 됩니다.

진정한 깨달음이란 끝까지 〈나〉 자신에 대한 것이지 우리가 가지는 어떤 의식의 상태나 경지에 관한 것이 아닙니다. 그런 것들이 진리라면 그렇지 않은 사람들은 죄다 진리를 안 가졌단 말입니까?

진정한 깨달음이란 우리가 어떤 경지에 이렇게 매이는 게 아니라 그 어떤 상황 속에서라도 오히려 우리가 항상 모든 경지나 상태로부터 〈자유〉임을 깨닫고 항시 자유롭게 되는 것입니다. 그대가 무언가를 끊임없이 유지하거나 가져야 한다면 그것은 그대의 소유이며 상태이지 어찌 본질적인 그대가 되겠습니까?

성경에서도 〈진리가 그대를 자유롭게 하리라〉고 말하였습니다. 하지만 그대는 지금도 그대가 들은 법칙과 그대의 과거를 너무나도 소중히 여기고 그것에 단단히 매여 있는 것입니다.

그대는 지금도 그런 개념과 체험들로부터 자유롭지 못합니다.

그대는 지금도 과거가 가져오는 정보나 체험들을 곧 그대라고 여기고 있습니다.

하지만 과거란 그대가 지나온 길에 불과합니다. 그것은 지금 여기에서의 바로 〈나〉 자신이 아닙니다. 과거가 없으면 우리에겐 나라고 할 〈정체성〉이 완전히 사라져버립니다. 그래서 우리가 지금 여기에 활짝 깨어 있을 때 지금 여기에서 진정한 우리는 텅 비어 있으되 다시 충만하여 그저 무엇으로 나타날 〈가능성〉 그 자체일 뿐 더 이상 숙면일여도 생사일여도 그 어떤 것도 아닌 것입니다.

하지만 실제로는 이 우주는 〈아무것도 아닌 미지의 존재〉로부터 모든 것이 시작하는 것입니다. 그리고 그대는 이미 이 상태 속에 지금 모든 존재와 더불어 같이 하고 있습니다. 이것을 불교에선 무아(無我)와 12연기법으로 표현할 따름입니다.

그런데 그대는 너무나 과거를 자기라고 여기는 습관 속에서 살아왔기에 이제는 지금 여기의 이 〈아무것도 아닌 상태〉를 두려워하고 당황해합니다. 우리의 마음은 이것과 대면하는 순간 그 무엇이라도 붙잡아서 이것을 회피하려고 안간힘을 씁니다. 마음은 이렇게 해서 스스로 살아남고자 하는 것입니다.

당신은 위 질문에서 보듯이 깨달음조차도 이러저러한 것이며 어떻게 수행해서 얻는 것이라는 이론을 잘 정리해서 가지고 있습니다. 그러면서 단지 자기가 노력하지 않아서 깨달음이 아직 안 오는 것이란 훌륭한(?) 이유까지도 달고 있습니다.

　하지만 다시 한 번 자각해보면, 이 역시 얼마나 깊게 과거의 정보와 이야기 속에 사로잡혀 있음인가요? 당신은 깨달음조차도 이러한 이야기 속에서 이해하고 자기가 정보로서 소유하고 있습니다. 이런 이야기 속에 빠져 있는 자기를 자각하십시오.

　당신은 〈지금 여기에 깨어 있으라〉 말하면 지금 여기를 잡을 수 없고 알 수 없기에 〈모른다〉라고 표현할 것입니다. 이처럼 그대는 뭐든지 자기 생각대로 정의하고 하나의 개념과 감각으로 키워드화된 정보로서 이해하여 소유해야 하는 (식스존 존재방식이라는) 고질적인 습관 속에 빠져 있습니다.

　그대는 이제 삶을 모두 다 생각으로 정리하고 〈알아야 하는 병〉에 걸렸습니다. 그대는 삶을 삶 그대로 놔두지 못한 채 무언가 어떻게 해야만 한다는 조급증에 걸려 있습니다. 그대는 살아 있는 진리를 어떻게든 자기가 배워온 존재방식, 표현방식으로 요리해서 변질시켜 놓아야만 직성이 풀립니다.

　하지만 관점을 달리해보세요.
　그대가 이미 무엇이라면 그대는 그 무엇이 아닌 다른 것은 되지 못합니다. 그래서 자기는 누구다라는 정체성을 가진 보통 사람이 바뀌는 것은 그렇게도 어렵다고 말들을 하는 것이지요.

세 살 버릇 여든 간다는 말도 있지 않습니까.
하지만 깨달은 사람은 그 무엇도 아닌 미지적인 자유 상태이기에 항상 자기를 바꾸기가 쉽고 그 무엇으로도 쉽게 나타날 수가 있는 것입니다. 지금 있는 그대로의 그대는 아무것도 아니기에 즉시 그 무엇으로도 나타날 수가 있습니다.

깨달은 이는 순간순간을 살며 오직 그 순간에 존재할 뿐입니다.
그래서 그는 전체와 무한의 자리로부터 다양한 개체의 한 특성을 나타내는 것입니다. 그러기에 그는 뭐든지 다 할 수 있으며, 그에겐 〈나는 항상 이것이다〉라는 정체성 자체가 없습니다. 그러므로 그에겐 숙면일여나 몽매일여나 생사일여 같은 유지해야 할 경지나 소유해야 할 상태 같은 고정된 것 자체가 일체 없습니다.

그에겐 오로지 있음, 그 자체의 의식과 그것이 나타나는 존재의 배경이 세상 전체가 하나 된 존재함으로써 드러나며, 그러한 존재에게는 지금 이 순간에 무엇이 되기로, 무엇으로 나타나기로 결정하는 대자유의 힘만이 넘칠 뿐입니다.
그가 아는 진실한 자기란 이렇게 나타나는 존재 이전의 존재 즉, 초월적인 것으로서만 인식될 수 있습니다. 그 자리는 모든 것이 다 쏟아져 나오는 무궁무진한 보물창고 같은 대자유의 자리이기에 굳이 몽중일여나 오매일여 같은 상태나 경지에 연연할 필요가 없습니다.

그대가 주인공이지 그런 개념들이 주인공이 아닙니다.

우리가 수행을 한다는 것은 바로 이것이 되기 위한 것입니다.
대자유!
그 어떤 생각이나 감정, 감각, 관계, 시공간으로부터조차도 자유를 얻는 것.
그 어떤 경지나 상태로부터조차도 자유로운 것.
이것이 바로 우리의 존재함의 일차적인 목적입니다.
여기에 제가 식스존을 자꾸 말하는 이유가 있습니다.

하지만 당신은 아직도 진리란 무엇을 유지하거나 소유해야 한다고 생각합니다. 당신은 그럼으로써 그것 안에 갇히는 것을 모르면서 아직도 참된 자유가 뭔지 개념적으로만 이해하려 듭니다.
하지만 진정한 깨달음이란 최고의 경지를 얻는 것이 아니라 그런 것조차 떠나는 것입니다.
당신은 깨달음이 뭐냐 하면 생사일여라든가, 우주라든가, 완전한 개체아의 소멸이라든가 하면서 적당히 얼버무리거나 대충 적당하게 이해합니다. 하지만 진정한 자유라 함은 매 순간순간 항상 정형화되지 않은 살아 있는 무한가능성 자체(Unlimited Living Possibility)로서 존재하는 것입니다. 즉, 그대의 존재방식을 매 순간 깨어 있는 채 자유로이 선택하며 스스로 결정하는 것이지요.

마음의 공간이 커지는 게 전체가 되는 게 아니라 이렇게 모든 것으로부터 자유로운 존재가 되는 것이 바로 진정한 전체가 된다는 말입니다.

지금도 이미 그대는 어떤 행위를 하고 싶으면 그렇게 하지만 그렇게 하고 싶지 않으면 안 합니다.

그렇지 않은가요?

그대는 매 순간 스스로 존재하고 싶은 양태로 존재할 수 있으며 존재하고 싶지 않으면 완전한 무(無)의 상태로 돌아갈 수도 있습니다. 이것을 결국 그대에게 완전한 자기 창조능력이 있음을 의미합니다. 그대는 이미 그러한 완전한 존재입니다.

하지만 여기 중요한 게 있습니다.

그것은 그대가 어떤 과거들을 창조, 체험하고 그 결과 어떻게 자기 정보로 삼았고 나아가 자기 능력으로 삼고 있느냐 하는 것입니다. 그대는 그대가 알고 있는 것만을 창조할 수 있을 따름이지 모르는 것이나 갖고 있지 않은 것에 대해선 창조할 수가 없습니다.

그대는 그것을 이해하지 못하기 때문이지요.

그대는 한 번도 그런 것을 자기와 동일시해본 경험이 없기 때문입니다. 그러기에 인격적으로 저급한 사람이 고급한 품격이 깃든 언행을 창조하고 나누어 체험할 수 없습니다. 참다운 사랑을 해보지 않은 이가 진실한 사랑을 하기가 어려운 이유도 여기에 있습니다.

　사람은 자기가 살아보지 않은 삶, 자기가 듣거나 경험해보지 않은 깨우침을 알 수가 없습니다. 일시적으로 흉내는 낼 수 있을지 몰라도 본질적으로 그것을 창조할 수가 없습니다. 그것은 그가 그것을 아직 체험해보지 않아 모르기 때문이지요. 여기에서 바로 〈대지혜의 차원〉이 나오게 됩니다.

　시야를 넓혀서 크게 본다면 우리가 이 물질계에서 이렇게 다양한 삶을 사는 이유가 바로 여기에 있습니다. 우리는 모두 다 각자가 원하는 분야에서 각자의 방식대로 자기를 창조 체험하고 나아가 더 큰 자아, 더 무한한 자아를 창조하고 체험하기 위해 지금 여기에 존재하는 것입니다. 그렇기에 창조와 체험의 중요성은 아무리 강조해도 지나치지 않습니다.

　비유하건대 여행을 하는데 백만 원을 가진 사람과 일억 원을 가진 사람이 있다면 그 선택과 자유로움의 폭이 같을 수는 없는 일입니다.
　그러면 우리가 이렇게 존재하고 체험하는 궁극적인 이유는 무엇일까요?
　그것은 우리가 결국은 우주적 존재로서 최고의 창조능력과 체험을 자유롭게 거기에 구속됨 없이 누리기 위해서인데, 바로 이렇게 스스로 자유로운 채(스스로는 아무것도 아닌 채) 모든 것을 다 창조할 수 있는 충만한 에너지의 가능성 자체로 자유롭게 있는 이 상태가 하나님(부처님)의 경지인 것입니다.

우리가 마침내 깨달아야 할 것은 그 어떤 종교의 이론들이나 전통들이 아닙니다. 진리는 그런 데 갇혀 있을 정도로 진부하거나 지루하지 않습니다.

진정한 깨달음은 우리를 마치 우리가 어렸을 때 들판에서 아무 거리낌 없이 내달리던 그러한 자유로운 야성을 가진 존재, 매 순간순간 가장 행복하고 가장 기쁨에 넘치며 가장 감동적이고 가장 가슴 뛰며 크게 평화롭고 경이롭게 느끼는 존재로 만들어주는 것입니다.

그대 자체가 존재의 기쁨에 충만하고 또 충만하다가 마침내 의식의 거대한 빅뱅을 일으키는 것입니다. 그대는 매 순간 넘쳐나는 창조적 대자유이기 때문입니다!

그렇다면 자유 그 자체인 여기에 그 무슨 경지의 높낮이가 있겠습니까?

스스로 높아지면 낮아질 수가 없게 됩니다. 그런 것을 갖는 게 진리가 아니라 모든 것을 다 창조하고 체험하는 것이 진리입니다. 그러므로 그대가 지금 가장 필요한 것을 전력을 다하여 창조하고 체험하세요. 그러면 그것이 그대에게 진정한 그대가 누구인지를 가르쳐 줄 것입니다.

이것이 그대가 더 이상 육체를 가져볼 필요성을 느끼지 않게 해주는 길입니다. 남들이 하라는 대로 좋은 것만을 배우고 그것만 해본 이는 자기가 해보고 싶은 것을 해보기 위해 결국은 다시 돌아와야만 할 것입니다.

그대는 하나님, 부처님이 지금 어떻게 존재한다고 보십니까?

깨달았다는 사람들의 말도 누구는 빛으로, 누구는 허공법신으로, 누구는 어디에나 다 편재해 있다고 대답합니다. 그렇지만 제 대답은 다릅니다. 그것은 다 생각에 치우친 답변들입니다.

하나님, 부처님은 지금 이 순간 그가 선택하고 원하는 방식으로 자유롭게 존재합니다. 이것이 하나님, 부처님의 불가사의한 존재방식이지요.

그대는 지금 그대가 원하는 방식으로 자유로이 존재할 수 없나요?

나는 지금 물질적인 상태를 말하는 것이 아닙니다. 그대는 지금 어차피 한계적인 물질계 안에서 구속을 배우고 체험함으로써 동시에 무한한 자유와 전지전능함을 배우고 있는 중이니까요. 내가 말하는 것은 그대의 의식 상태입니다. 그대는 지금 그 어떤 존재방식(생각이든 감정이든 환상이든 감각이든 느낌이든 간에)으로 존재하길 원할 때 즉시 순수한 그것 자체로 변환되어 자유롭게 존재할 수 있나요?

이것이 내가 그대에게 말하고자 하는 요점 즉, 우리가 깨닫고 되어야 할 것입니다.

　육신의 사후에 그대는 그대라는 존재(더 정확하게는 자주 존재했던 존재방식)로부터 자유로울까요?

　그대는 그대의 과거 상태(쉽게 우울해지거나 짜증났던)로부터 자유로울까요?

　아니 그때까지 갈 것도 없이 지금 그대는 과거의 그대 자체로부터 자유로이 벗어나서 언제든지 자기가 원하는 방식(가장 행복하고 기쁨으로 빛나는 존재)으로 쉽고도 편안하게 존재할 수 있나요?

　그럴 때까지 그대는 자기를 자각하고 변화시켜야 합니다. 딱딱하게 굳은 얼음상태에서 물로, 그리고 고인 물에서 흐르는 물로, 나아가 물 상태에서 바람과 같이 자유로운 기체 상태로.

　제가 당신에게 스스로 〈이유 없이 행복하라〉는 이유가 여기에 있습니다. 그대는 그대가 스스로 선택한 존재가 되니까요. 과거에도 그랬고 지금도 그러하듯이.

　하나님, 부처님은 자기가 창조하고 선택한 것이 됨과 동시에 그것을 초월해 있습니다. 그는 항상 바람과 같이 매임 없는 존재의 무궁한 가능성에 그의 근원을 두고 있기 때문입니다. 수많은 깨달음이 오고가는 가운데 당신의 미래는 눈부신 것보다 더 눈부시고, 상상할 수 있는 최대보다 더 뛰어난 그러한 세계로 변화할 것입니다.

지금은 그대가 아는 게 이 정도이지만 그대는 이렇게 매 순간 깨어나서 〈무한한 가능성〉이 되어 바로 그러한 자기 성품에 대한 크고 깊은 자각으로 자기를 변화시켜감에 따라 마침내는 작은 보리수 씨앗이 거대한 나무로 자라나듯이 그렇게 놀라운 미지의 초월적 존재로 변화해 갈 것입니다.

지금 그대가 존재할 수 있는 최고의 상태 이상의 존재방식으로 그대는 존재할 수가 없습니다. 그렇지 않은가요? 그러므로 저는 그대가 지금 여기에서 그대의 존재 상태를 바꾸고 업그레이드하라는 것입니다.

그대의 그릇으로 우주를 삼키세요.

그대의 마음으로 영원을 삼키세요.

모든 그대의 내면적인 힘은 그대 안에서 나오는 피조물이며, 그대의 그 순간의 존재방식이니까요. 이러한 수행을 통해 그대는 자기 스스로에 대해 점점 더 깨어날 것이며 성숙해질 것이며 나아가 마침내는 그 어떤 과거의 것에도 머무름 없이 마음을 내고 무한가능성의 그 마음속에서 지금의 그대와는 다른 전혀 새로운 존재가 꽃피어날 것입니다.

그대는 정한바 없는 존재이나 이처럼 삶 속에서 모든 것을 다 선택하고 그대로 창조하고 체험할 것입니다.

자기가 원하는 만큼!

그렇게 함으로써 우리가 본래 텅 비어 변함없이 있다는 〈색즉시공〉을 깨달음과 동시에 우리가 항상 살아서 스스로 존재하길 원하는 방식으로 연기법에 따라 끊임없이 창조하고 체험하며 변화해간다는 〈공즉시색〉을 진리를 더불어 깨닫습니다.

우리는 이렇게 자기가 본래 누구인가를 깨닫는 것에만 머물지 않고 더 나아가 우리가 창조하고 체험하는 모든 것을 통해 모든 것을 다 품지만 동시에 다 넘어서는 본래성품의 초월적 존재방식을 깨닫는 길로 나아갑니다.

우리는 이와 같이 어느 하나의 상태나 경지에 머무르는 그런 명사형의 존재가 아니라 항상 살아 움직이는 영원한 현지진행형이자 무한한 가능성의 에너지인 것입니다.

이러한 자기 자신의 본성에 깨어나세요.

더 이상 자기를 과거의 식스존 방식으로만 표현하려 들지 말고 그런 자기 자신으로부터조차 자유로워지세요.

이것이 크게 죽고 다시 크게 되살아나는 방법입니다.

chapter.04

수행해서 되는 게 아니다

나는 내가 인정하는 존재이다.
그러므로 내가 이미 전체와 분리할 수 없는
하나인 근원적 존재라는 사실을 진실로 인정하고
받아들이면 아무것도 더 수행할 필요가 없어진다.

그러면 일반 사람들이 진리를 탐구하고자 할 때 대체 어떤 방법으로 어떻게 수행하는 것이 가장 빠르고 좋은 방법인가요?

저는 이렇게 대화 중에 특별한 열림이 있었다고 느껴지지만 사실 모든 사람이 다 저처럼 대화를 해야만 한다면 그건 엄청난 시간이 들기에 상당히 비효율적인 것이라고 생각되는데요?

뭔가 좀 특별하고 이상적인 방법이 있지 않을까요?

일반 수행인들이 가장 혼동에 쉽게 빠지는 것이 바로 질문하신 내용 그대로입니다. 즉, 〈어떻게 수행하여야 하는가〉의 문제이지요.

하지만 이것은 질문 자체가 이미 틀린 것입니다.

이 말은 달리 말한다면 〈어떻게 수행해야 하는가〉라는 질문은 이미 틀렸으며 오히려 지금 〈무엇으로 존재해야 하는가〉가 맞는 수행 자세라는 것입니다.

그 이유에 대해 한번 자세히 살펴보도록 합시다.

저는 이미 앞서 진짜 약을 먹지 않아도 다만 마음으로 그것을 그렇게 믿음으로써 실제로 그렇게 된다는 우주의 법칙인 플라세보 효과(placebo Effect)에 대해 말씀 드린 바 있습니다.

사람들은 이것을 〈마음의 힘〉이라고 얘기하지만 저는 보다 더 정확하게 말하자면 〈우주의 법칙〉이며 〈대자연의 존재법칙〉이라고 생각합니다.

그러므로 누구든 이 법칙을 거부하지 않고 있는 그대로 받아들이면 그에겐 이 법칙이 반드시 효과를 발휘하게 됩니다.

하지만 "그런 게 무슨 과학적 근거가 있나?" 하고 의심하기 시작하면 그렇게 의심하는 대로 그런 결과가 나타나게 됩니다.

이것이 바로 우리의 살아온 삶의 과정이기도 합니다.

그런데 저는 앞서서 이미 우리가 전체에 대해서는 별도로 존재한다고 말할 수가 없는 불가분의 존재들이라고 말씀 드린 바가 있지요.

그래서 장미꽃의 꽃과 잎을 머리로는 분별할 수 있지만 실제로는 불가분의 존재라고 말했습니다. 그러므로 우리는 진리탐구를 함에 있어 무엇보다도 먼저 항상 〈자기가 누구이며 무엇인가〉를 최우선시하지 않으면 안 된다는 것입니다.

왜냐하면 자기가 무엇인지를 알아야 그에 알맞은 공부를 할 수가 있지요.

마치 왕자는 왕이 되는 법을 공부해야 하고, 장교는 장교가 되는 법을 공부해야 하며, 장사꾼은 장사를 잘하는 법을 공부해야 하듯이 말입니다. 그래서 자기가 인정하는 자기 자체로서 먼저 확고하게 되어야 한다는 것입니다.

이것이 진정한 공부라면 공부 방법입니다.

그러나 여태까지 세상에 알려져 있는 모든 공부법이나 종교들은 이것을 간과한 채 무조건 우리는 중생이라느니 죄인이라는 전제 하에 천편일률적으로 우리를 대해왔던 것입니다.

제가 앞서도 밝혔듯이 우리는 이미 전체진리와 분리할 수 없는 존재입니다.

그 어느 누구도 자기 생각 속에서만 우주 전체와 분리되어 있지 사실은 전부가 하나로 살아 움직이고 있으며 모든 생명은 본질적으로 다 똑같은 존재법칙 하에서 살려지고 운행되고 있습니다.

이 있는 그대로의 진실에 눈을 뜨는 것이 무엇보다도 가장 중요한 일입니다.

　그렇다면 이미 내가 나를 전체와 분리할 수 없다고 인정할 수밖에 없는데 그렇다면 과연 이미 완전한 전체진리인 내가 대체 무엇이 더 부족하다고 이런저런 공부나 수행을 해야 한단 말입니까?

　그러므로 결국 현재 우리가 알고 있는 모든 수행방법이 다 우리가 만든 이야기이며 환상인 것입니다.

　저는 여기서 기존의 종교나 수행법이 다 틀렸다는 얘기를 하려는 게 아닙니다.

　그런 단체나 공부 방법들은 과거에 다 그 나름대로 충분히 존재가치가 있었고 나름대로의 효과를 가져왔음을 저는 부인하지 않습니다.

　그러나 문제는 어느 것이 본질적으로 더 우수하며 나은 방법인가 하는 것입니다.

　앞서 밝혔듯이 인간이란 본질적으로 〈내가 나라고 인정하는 것〉이 되는 존재입니다.

　그 어떤 누구도 이 법칙의 예외가 되지 않습니다.

　자기가 꿈꾸는 미래를 자기로 여기고 받아들일 때 그는 그러한 존재가 됩니다.

　하지만 아무런 비전이나 꿈도 없이 자기를 별 볼일 없는 하찮은 존재로 여긴다면 그는 또 머지않아 그러한 존재로 변하고 맙니다.

　이것이 신이 우리에게 준 〈자유의지〉의 진정한 정체입니다.

꿈을 이루는 비밀을 다루는 유명한 책인 〈시크릿(the Secret)〉도 누구든 자기의 희망이 이미 이루어진 것으로 인정하고 믿음으로써 그것을 끌어당김의 법칙에 의해 현실화할 수 있다고 말합니다. 제가 말하고자 하는 바가 이것과 다르지 않습니다.

당신은 당신이 스스로 인정하고 받아들이는 존재입니다. 그렇다면 당신은 자기가 희망하고 바라는 존재의 존재방식(the Way of Being)을 자기가 진정으로 받아들여 당장 지금부터 그렇게 존재하고 그렇게 살아야 합니다.

이것은 〈어떻게〉의 방법이라기보다는 내가 지금 〈무엇으로〉 존재할 것인가의 보다 더 본질적인 문제입니다. 이것은 우리의 삶을 본질적이고도 획기적으로 바꿉니다.

내가 전체와 분리할 수 없는 하나라는 이 사실을 머리로만 이해하는 게 아니라 가슴으로 받아들이고 우주 전체를 나로 느끼며 모든 생명을 나와 하나로 삼아 보다 더 크고 넓은 삶을 살기 시작하라는 것입니다.

저는 이 위대한 진실을 그대에게 말하고자 하는 것입니다.

불교는 금강경에서 아상, 중생상을 만들지 말라고 가르치고 있습니다.

이 말은 달리 말하자면 내가 전체와 분리되어 따로 있다거나 혹은 내가 아직 부족한 중생으로서 진리와는 거리가 먼 사람이니 열심히 수행하여야 한다는 상(相)을 마음속에 만들어 갖지 말라는 말입니다.

하지만 지금 한국에서 번창하고 있는 불교의 수행 방식이 과연 그렇게 사람들을 가르치고 지도를 하고 있습니까? 외형적이고 물질적인 성장만을 중시하는 교회는 또 어떻습니까?

우리가 만든 모든 시스템들은 거의 모두 지금 진리를 팔아 장사를 하고 있습니다.

제가 말하는 것은 본질적으로 〈관점 바꾸기〉입니다.

당신이 스스로를 〈무엇이라고 인정하는가〉에 따라 모든 것이 변하며 나타나는 세계가 달라집니다.

당신이 스스로를 〈어쩔 수 없는 이기적인 존재〉라고 해석하고 인정할 때 당신 앞에는 그런 삶이 나타나게 됩니다. 하지만 당신이 스스로를 〈아무것도 아닌 존재〉로서 〈무엇이든 다 될 수 있는 존재〉라고 여길 때 당신은 이래야 한다든지 저래야 한다든지 하는 그런 무거운 생각의 짐을 지지 않고도 얼마든지 자기가 원하는 만큼 진리의 길을 갈 수가 있습니다.

당신은 지속되는 고장된 존재가 아니라 매 순간을 사는 자유로운 생명현상 그 자체이니까요. 이것보다 더 본질적이고 획기적인 참회나 거듭남이 없으며 깨어남과 해탈방법을 가르쳐주는 법이 없습니다.

그러므로 지금 내가 〈어떻게 수행할 것인가〉가 아니라 〈무엇으로 존재할 것인가〉에 집중하시기 바랍니다.

당신이 스스로를 이 지구라고 여길 때 당신의 마음은 모든 지구상의 생명들을 다 내 자식들로 여기는 성인들의 마음과 접속됩니다.

당신은 그런 차원으로 즉시 업그레이드(up-Grade)됩니다.

하지만 언제든지 당신은 과거 자기가 인정하던 그 개체의 자기로서 되돌아올 수가 있습니다.

당신은 자유니까요.

이것을 만약 마음공부를 해서 그런 경지에 오른다고 한다면 아마도 수천 년 이상 걸릴 것입니다. 하지만 〈관점 바꾸기〉만 하면 바로 즉시 가능한 것입니다.

그러므로 이제 더 이상 고달픈 수행을 하지 마십시오.

이제 스스로 자기를 구속하고 고생시키는 모든 작업을 중지하십시오.

그리고 다만 자기가 누구이며 무엇이 될 것인가를 선택하고 그것 그대로 존재하도록 하십시오. 굳이 수행법이 있다고 말한다면 이렇게 즉각적으로 지금 여기에서 나의 존재방식을 바꾸는 것이 바로 최고의 수행법입니다.

chapter.05

스톱(STOP) 명상

당신이 자기를 개체라고 여기던 그 생각을 전체로 받아들여
자기에 대한 관점을 바꾸고, 그에 따라 진심으로
자기의 존재방식을 바꾸기만 하면 과거 모든 당신의
존재방식들은 더 이상 당신 안에서 힘을 못 쓰게 된다.
이것은 내가 수행하는 게 아니라 모든 환상이 저절로
STOP되고 실상이 스스로 밝게 드러나는 방법이다.

실로 놀라운 얘기입니다.

이제 와서 보니 그동안 제가 나라고 인정하고 받아들여 만든 수많은 이야기 속에서 살아온 저를 확실하게 알 수가 있습니다. 아마도 저는 그동안 그런 이야기들 속에 파묻히고 끌려 다니느라고 실제 진리에 대해 눈을 뜨지 못한 것 같습니다.

이제는 제가 참 신기한 존재로 다시 느껴지기 시작하는군요.

아무것도 아닌 존재임과 동시에 모든 것으로 다 나타날 수도 있

는 존재라…….

이젠 뭔가 깨달음이 옵니다.

하지만 그럼에도 불구하고 일상생활 속에서의 우리는 비단 생각뿐만이 아니라 우리가 가진 다른 존재방식인 감정이나 감각들로부터도 온갖 욕망을 부추김 당하는데, 어떻게 해야 이런 것들로부터 진정 자유로워질 수가 있을까요?

우리는 일생 동안 식스존이라는 존재방식을 떠나서는 살 수 없는데, 그렇다면 잠시 집중해서 그 영향을 줄일 수는 있어도 영원히 이것을 우리로부터 떼어낼 수는 없지 않나요?

모든 수행자들이나 신앙인들이 바라는 것은 커다란 영적인 〈깨어남〉입니다. 하지만 이에 대해 말은 많은데 과연 무엇이 진정한 깨어남인가에 대해서는 아직 여러 종교나 수행단체에서도 그 정의가 뚜렷하지 않은 듯합니다.

진정한 깨어남은 자기를 지배하던 삶의 습성을 벗어나 〈자기가 진정 누구인가를 자각하는 것〉이며 그럼으로써 존재가 우주 안에서 자기의 실제적인 위치와 자리를 제대로 찾는 것이라고 봅니다. 하지만 대다수의 사람들은 아직 자기가 누구인지를 모르는 채 환상의 이야기 속에 빠져 있습니다. 다른 말로 꿈꾸고 있다고 해도 좋겠지요.

불교에선 이미 우리가 부처의 자성을 다 갖추고 있다고 하고, 기독교에서도 사람 안에 하나님의 성령이 깃들어 계신다고 합니다. 하지만 우리는 그런 근원적인 자기 자신을 모르는 채 단지 자기가 아무개라는 정보와 생각 속에서만 살아오고 있는데, 바로 이게 환상이기에 꿈꾸는 것이란 말입니다.

왜냐하면 그것은 실재가 아니라 단지 상상의 일종인 〈생각 속의 창작세계〉에 불과한 것이기 때문입니다.

사실 우리의 삶을 가만히 분석해보면 우리는 자기의 생각과 감정에 따라 매 순간 자기 자신이 〈무엇이 되기로 결정〉하고 그런 존재를 〈창조〉하고 있습니다. 우리가 워낙 그런 습성에 너무 깊게 빠져 있어서 미처 모릅니다만 그러나 하루를 지내는 우리 자신을 가만히 살펴봅시다.

오늘 아침 식사시간에 나는 〈밥 먹는 자〉가 되기로 결정했으며, 그 다음엔 커피 맛을 보는 자가 되기로 결정했고, 그렇게 나를 생각했으며 나라고 받아들였던 것입니다. 그다음엔 직장에 가서 〈일하는 자〉 혹은 〈돈 버는 자〉가 되기로 결정하고 무의식중에 이 모든 것을 습관 속에서 움직이는 생각을 〈나라고 받아들였으며〉 그래서 지금 내 속에는 그런 흐름 속의 〈생각〉을 진정한 나라고 여기는 습관 속의 착각이 가득한 것입니다.

하루라는 짧은 시간에도 우리는 수백 번 이상 이렇게 자기를 무엇이 되기로 결정하고 있습니다. 당신은 〈나는 아무개라는 인간〉이라는 기본적인 생각 속에서 부수적인 이런저런 다양한 인간적인 삶을 위해 필요한 생각과 느낌 속들을 추가하고 채택하여 그것을 무의식 중에 자기로 삼고 있습니다. 당신뿐만이 아니라 우리 모두가 다 그렇게 하며 살고 있지요.

그 결과로 지금처럼 우리 속에 각자 〈나〉라는 허상의 인격체가 환상처럼 생겨난 것입니다.

진정한 우리는 이 모든 것을 배후에서 창조하는 보이지 않는 배후의 무한한 힘(에너지) 그 자체인데, 우리는 살아오면서 습관 속에서 만들어진 일련의 생각의 흐름을 뭉뚱그려서는 하나의 〈나〉라고 여긴다는 말입니다.

당신은 자기가 이런저런 삶의 상황들을 거쳐 지금 여기까지 시간과 공간 속에서 살아왔다고 다시 또 〈생각〉합니다. 이 〈생각〉활동이 바로 그대가 그대 자신을 그 어떤 무엇이 되기로 결정하는 과정입니다.

하지만 이것이 바로 우리를 아상, 인상, 중생상, 수자상에서 벗어나지 못하게 하는 근본적인 착각이자 번뇌인 것입니다.

저는 당신이 이런 제 말의 뜻을 잘 이해하시기를 바랍니다.

그리고 당신이 삶의 매 순간 속에서 계속해서 자기를 그 무엇이 되기로 〈선택〉하고 〈결정(창조)〉하고 있다는 이 기막힌 현실을 인정하시길 바랍니다. 그대가 만약 이런 제 말을 이해하신다면 이제 우리의 문제는 아주 간단해집니다. 문제의 원인을 찾았으니까요. 병의 원인을 찾았다면 치료는 시간문제가 아니겠습니까?

이처럼 하루를 살더라도 그 안에서 다양한 〈나〉를 선택하고 창조하며 체험하는 그대는 원래는 그 본질이 〈아무것도 아닌, 정의할 수 없는 무한의 존재〉 그 자체입니다. 그대는 그냥 이 몸속에 깃들어 생명현상으로 드러나 있는, 말로 형용할 수 없는 그 이전의 특별한 영적인 존재인 그 〈무엇〉이란 말입니다.

이것을 〈무엇〉이라고 우리가 다 아는 개념으로 정의하지 않고 열어놓는 이유는 그 어떤 것이라고 개체화하고 한계지어서 정의할 때, 이미 우리는 이 신성하고도 놀라운 자리를 말과 글로써 개념화하여 이미 더럽히고 한정화하고 있기 때문입니다. 사실 말과 개념 속에 어떤 것이라고 한정될 수 있다면 그는 이미 〈무한히 열린 존재〉가 아니지요.

그것을 말로 할 수가 없으니 사람들은 〈공〉이요, 무아(無我)요, 이런저런 말로 또 설명하고, 그러다 보니 그 습성을 버리지 못해 생각 속에서 자기는 이거다 혹은 저거다라고 주장하거나 다양한 생각과 개념으로 표현했던 것입니다.

하지만 아무리 이런 말을 제아무리 잘 쓴다 해봤자 바로 지금 제가 여기서 깨워드리려고 하는 이 진실을 잡아내지 못하면 우리는 매일같이 되풀이하듯이 또다시 자기를 하나의 생각과 상상 속에서 개념적으로만 존재하는 환상적인 자아 속에 다시 빠져버리게 하고 말 것입니다.

실제의 당신은 생각을 통하여 매 순간 창조되고 있습니다. 그러나 진정한 당신은 창조된 존재가 아니라 창조하는 존재입니다. 창조된 당신은 당신 안에서 나타났다간 사라져가며 자꾸 생멸하고 지나갑니다. 이렇게 아직 체험되지 않은 당신의 근원은 계속해서 생각, 감정, 감각, 관계, 시간, 공간의 식스존 영역을 통해서 그대에게 체험시켜주고 있습니다.

그러므로 당신이 진정한 참자기를 발견하고 싶다면 당신은 스스로 이러한 창조와 무엇이 되기로 결정하는 과정 속에 빠져 무심코 따라가지 말고, 한번 이 과정을 스톱(STOP)시켜 피조물이 아닌 이 모든 것을 만들어내는 창조자가 과연 누구이며 무엇인가를 자각해야만 합니다.

저는 여기서 그대를 확 깨어나게 하고 존재의 근원이 주는 이 엄청난 자유를 깨닫게 해드리고 싶습니다.

불교에서 말하는 일초즉입여래지(一超卽入如來地)란 게 사실 알고 보면 뭐 별게 아닙니다. 그대가 자기의 이 무한한 가능성, 무한하게 열려 있는 영원한 생명 그 자체이고, 뜻하는 것은 그 무엇이든 다 될 수 있는(단지 물질세상의 법칙에 의해 변화에 시간은 걸리지만) 엄청난 존재라는 것만 인정하고 체험한다면, 그대가 즉시 그것으로 변화하는 것입니다.

그대는 더 이상 살아온 삶 속에서의 유한하고 정체성을 가진 삶의 그림자 같은 희미한 기억과 상념 속의 그 누구로만 머무는 게 아니라 매 순간 내 삶을 능동적으로 스스로 창조하고 선택하는 창조자가 되는 것입니다.

그대가 진정한 하나님을 알려면 〈관점 바꾸기〉를 하여 그대가 자기 삶 속에서라도 창조를 직접 체험하고 작더라도 직접 창조주가 되어보아야만 합니다. 그대가 진정한 창조를 체험하지 못하면서 말로만 창조주 운운하는 것은 개념 속의 방황에 불과하며, 그렇게 아는 하나님은 죽은 생각 속에 갇힌 하나님일 뿐 살아 있는 진정한 하나님을 만나는 것이 아닙니다.

사람들은 오히려 자기들의 개념과 말속에 진정한 하나님을 가두고 한정하고 있습니다. 왜냐하면 진정한 신은 개념 속에 갇힌 존재가 아니며, 바로 지금 여기 이 자리조차 창조하고 나를 살리며 운영하는 내 속에 살아 있는 하나님이기 때문입니다.

이 말을 부처님이라고 해도 아무 상관이 없습니다.

기존 종교인들은 개념과 말에 매여 그 속에 갇혀 있지만 이제 개념에서 벗어나 그것이 단지 생각일 뿐 실상 그 자체는 아니라는 것을 자각한 그대는 태양을 가리키는 말이 [SUN]이든 [다이요]든 [솔레]이든 그 본질은 아무 상관이 없음을 잘 알고 있기 때문입니다.

여기에서 저는 당신의 식스존의 존재방식을 스스로 성찰하고 자각함으로써 자기 속에서 이미 살아계시는 그분을 발견하라는 것입니다.

스톱(STOP)명상을 통하여!
그대는 자기 안에서 일어나는 과거 그대로의 생각 작업을 알아차리기만 하면 됩니다. 그리고 〈생각, 이건 내가 아니다!〉라고 자각하기만 하면 됩니다.

그러면 그대 안에서 놀라운 일이 벌어집니다. 모든 생각이 더 이상 그대를 괴롭히지 못하는 것이 마치 과거엔 주인을 괴롭히면서 함부로 굴던 하인들이 마침내 주인이 힘과 권위를 회복하자 공손한 하인으로 되돌아가는 그런 획기적인 일이 일어납니다.

그럼으로써 그대는 삶 속에서 마침내 깊고 목마르지 않는 평화를 찾습니다. 그대는 이미 〈나〉란 존재 자체가 살아 있는 신의 임재하심 현상이며, 단지 내가 식스존이라는 존재방식에 끌려 다님으로써 그 위대한 지위를 잃었다는 것을 통각하게 될 것입니다.

이것을 일상 속에서 깨닫게 되면 그대는 크게 변하게 됩니다. 그대는 더 이상 그 어떤 수행도 할 필요가 없습니다. 단지 잘못된 현상들을 끊어버리고 스톱(STOP)시키는 것만으로 그대는 완전하게 본래의 자기를 회복하게 됩니다.

그리고 이것은 단지 〈당신이 곧 전체이며 위대한 우주 대생명〉이라는 진실만 인정하면 바로 저절로 이루어지는 능력입니다.

왜냐하면 당신이 일일이 위빠사나처럼 무엇을 지켜보면서 〈이것은 무엇이다〉를 반복하는 게 아니라(그건 너무 복잡한 공부방법입니다), 당신이 그런 개체의 허상을 나라고 여기던 꿈에서 깨어나 스스로 전체임을 알기에 더 이상 그런 식스존의 모든 환상들이 저절로 나에게 영향을 미치지 못하는 존재로 거듭나버리기 때문입니다.
이는 마치 당신이 진리인 기름이 됨으로써 환상인 물이 당신 안에 침투해 들어오지 못하게 되는 자연스러운 현상과도 같습니다.

하나님이나 부처님이 우리에게 진리를 감추고 보여주지 않은 것이 아닙니다. 우리가 그동안 잘못된 창조에 심취하여 눈앞의 진리를 보아도 보지 못하고 들어도 듣지 못했던 것입니다. 우리는 우리 속에서 진리를 매일같이 대하면서도 알아보지 못했던 것입니다.
그러므로 이제는 생각과 말로 나를 정의하거나 결정하지 마십시오. 그런 습성으로부터 벗어나십시오. 이렇게 될 때 그대는 매 순간 신 자체를 드러내는 그의 수단이며 손길이며 몸이며 의지가 될 것입니다.

우리는 이렇게 이미 하나님과 하나 되어 일체로 살고 있지만 어리석은 사람들은 자기를 인격화하고 육체(옷에 불과한) 안에 갇힌 유한한 생명이 되기로 선택하고 결정화해서, 그 안에 자기를 갇히게 한 후, 그것을 다시 구원하고 영생을 달라고 저렇게 열심히 기도들을 하고 신앙생활을 하고 있거나 혹은 그런 자기가 수행해서 뭔가 깨달음을 얻겠다고 애를 쓰는 것입니다.

하지만 이미 깨달음과 영생은 우리에게 주어진 것입니다.
다만 이러한 자기의 진면목에 대해 깨어나기만 하면 됩니다. 내가 지금 무슨 짓을 하며 살아왔는지에 대해 통찰하기만 하면 됩니다. 이미 받은 것을 다시 또 달라고 하는 무지에 대해 저는 할 말을 잃습니다.
저는 H_2O가 얼음도 되고 물로도 변화하는 것을 보는 사람들이 왜 이 몸이라는 얼음과도 같은 현상이 다시 변화해서 에너지나 수증기 같은 기체 형태의 의식체로도 존재할 수 있다는 것을 믿지 못하는지 참으로 의아합니다.
이러한 진실을 안다면 우리가 할 일은 다만 우리가 어렸을 때처럼 바로 그렇게 매 순간 담대하게 자기를 표현하고 거리낌 없이 스스로 행복하고 일체를 사랑하는 것뿐입니다.

하지만 우리는 자기가 들은 생각이라는 이야기 속에서 실제로는 있지도 않은 허구의 상상(죽음과 소멸)에 대해 생각 속에서 두려워하고 있습니다. 우리는 이미 하나님, 부처님과 분리할 수 없는 우주적 합일체라는 이 진실을 자각하고, 스스로의 무한한 가능성에 대해 눈뜨는 것이 바로 진정한 깨어남입니다.

바로 지금 그 어떤 생각이나 논리를 붙잡음도 다 내가 지금 나를 한계 속에서 결정짓는 어리석은 행위일 뿐이라는 진실에 눈뜨십시오.

지금까지 내가 생각 속에서 못나게 한계 짓고 결정(창조)해왔던 나를 버리면, 바로 그 자리에 새로운 무한성의 내가 모든 것에 대해 열린 채 눈부신 직관의 빛 속에서 다시 탄생합니다.

나는 본래가 온 곳도 갈 곳도 따로 없는 자이며, 무엇이든 내가 되고자 하는 그것이 되는 모든 표현 이전의 위대한 무한자(無限者)입니다. 이것을 깨닫고 가슴 깊이 느끼는 것, 바로 이것이 스톱(STOP)명상을 함으로써 얻게 되는 결과입니다.

chapter.06

지금 여기(NOW)에 깨어나기

본래면목은 항상 지금 여기에 실존한다.
지금 여기란 곧 전체이며,
모든 것을 있게 하는 근원의 드러남이다.
지금 여기에 깨어난다 함은 곧 자기가 전체이자
근원이 되었음을 뜻한다.

 이제 정말 모든 것을 제대로 알겠습니다.

 그동안 저는 식스존 영역에 갇힘으로써 자유롭지 못하게 살아왔으며 진정한 제가 누구인지를 잃어버렸었습니다. 하지만 이제 제가 내가 누구란 관점을 바꾸고 그에 따른 저의 존재방식을 따라 바꾸기만 하면 저절로 모든 게 밝게 드러난다는 말씀에 깊이 공감합니다.

 그런데 이렇게 깨어나게 되면 우리는 과연 어떤 방식으로 존재하게 되나요?

 물론 스스로 밝아진다고는 말하지만 궁금합니다.

그렇다고 생각이나 감정, 느낌 등을 전혀 안 쓰는 것은 아니지 않습니까?

그렇습니다. 좋은 질문을 하셨습니다.

지금 당신이 생각을 하든 안 하든 간에 스스로 그 생각에 끌려가거나 빠져들지만 않는다면 그대는 저절로 이미 자기 안에 내재하는 고요한 침묵 속의 깊은 평화감에 눈뜨게 될 것입니다. 이는 마치 아침이 오면 온 천지가 자동적으로 밝아지는 것과도 같습니다.

저는 앞서 우리가 일부러 어떤 수행을 하려 할 때에 일상적인 삶과 분리해서 할 필요가 전혀 없다는 말을 드렸었지요.

참다운 진리는 나와 분리되어 있지 않습니다. 그러므로 참다운 진리를 찾으려면 내 안에서 찾아야 합니다. 하나님이나 부처님 역시 우리를 떠나신 적이 없습니다. 그러므로 내 안에 곧 신이 있고 부처가 계신 것입니다.

모든 식스존의 존재방식이 일어나기 이전과 끝나고 사라진 이후에 과연 그 자리엔 무엇이 있던가요?

거기엔 모든 것을 가능케 하는 무한한 가능성 그 자체가 있습니다.

먼저 느낌으로라도 이것에 잠시 가까운 체험을 해봅시다.

당신이 지금 혼자 엄청나게 넓은 들판이나 자연의 산속에 홀로 서 있다고 느껴보세요. 거기엔 분명하게 침묵 속의 무한한 허공이 당신이 서 있는 자연의 배경으로서 느껴질 것입니다. 그것은 모든 것을 있게 하는 허공성으로서의 배경 자체이지요.

하지만 이것이 홀로 존재하는 것이 아니라 그것을 인식하는 나의 의식현상과 분리할 수 없는 하나의 존재로서 거기에 존재하는 것입니다.

이것이 바로 절에 가면 그려져 있는 동그란 원(圓)이 상징하는 존재입니다.

이제 이것으로 당신이라는 존재의 중심을 옮겨보세요.

당신은 더 이상 몸이나 번잡한 마음이 아니며 바로 이것입니다. 이것이 본래적인 당신의 마음 이전 상태입니다. 그리고 여기엔 순수한 침묵 속에 무조건적인 수용이 있습니다. 아주 부드럽고, 사랑으로 가득 차 있으며, 내적인 고요한 평화가 한없이 넘쳐흐르는 이것.

지금 여기 이 순간 그것이 내 안에 있습니다.

그것은 항상 그렇게 지금 여기에 존재해왔습니다. 이것은 태초부터 분리할 수 없는 당신 자체였으며 항상 그렇게 당신의 근원으로 있었습니다.

당신이 육체에 한눈을 팔고 다양한 마음의 존재방식에 정신없이 끌려 다닐 때에도 이것은 항상 그 모든 방황의 배후에서 지금 여기에 고요하게 존재해왔습니다. 비록 이것이 우리 안에 항상 거하지만 마음이 번잡하고 생각 속에 푹 빠져 있는 당신으로서는 쉽게 그를 알아차릴 수가 없습니다. 이것은 오직 스스로 고요하게 가라앉은 자만이 알아볼 수가 있습니다.

당신은 아마도 삶의 깊은 사색의 순간이나 깊은 통찰의 순간에 불현듯 이것을 잠깐 만났을지도 모릅니다.

하지만 당신은 그동안 이것에 너무나 눈길을 돌리지 않고 살아왔습니다. 그대에겐 너무나 이 삶이 무거웠고 또 바빴으므로.

하지만 이 존재는 우리가 기뻐할 때 우리와 같이 그 기쁨을 더 빛나게 하여주었고, 우리가 슬퍼할 때 우리 슬픔의 끝자락에서 우리를 보이지 않는 투명하고 맑고 순수하며 부드러운 평화의 손길로 어루만져주었습니다.

이것은 단순한 소리의 부재로부터 오는 침묵이나 생각의 부재에서 오는 가라앉은 상태인 것이 아닙니다. 그것은 오해입니다.

우리 안에는 우주만큼 큰 공간이 내재하고 있습니다.

이것은 그 어떤 문자나 언어로도 형용할 수 없는 미지의 충만한 공간입니다. 바로 이것이 근본 우주이며, 또한 이곳이 모든 존재를 존재하게 하시는 신이 계시는 곳이며, 진정한 모든 것이 창조되는 하늘나라의 왕국(The Kingdom of the Heaven)입니다. 이것이 진정 그대의 영이 거할 곳이며 그대가 그 안으로 깊이깊이 더 들어갈수록 그는 그의 놀랍고 찬란하며 부드럽고 아름다운 그 세계를 그대 앞에 펼쳐 보일 것입니다.

모든 다양한 물질, 모든 거칠거나 사나운 행동, 모든 복잡한 생각, 모든 강력한 에너지, 모든 깊은 감정과 격렬한 감각의 시작 이전이나 끝 이후에도 바로 이것이 존재하고 있습니다.

하지만 이것은 그저 가만히 정지해 있는 그런 초월적 존재만이 아닙니다. 이것은 분명히 살아 있습니다. 왜냐하면 세상의 물질과 비물질 등 모든 것이 다 여기에서 나오고 여기로 돌아가기 때문입니다.

이것이 우주만큼 커지면 우주마음이 되고 그때 우아일여(宇我一如)를 느끼게 되며, 삼라만상을 다 삼키고 있을 때, 내가 그 마음을 자기 동일시하면 범아일여(凡我一如)가 되고, 사람 몸에 가 있으면 내 몸을 나라고 여기는 집착심과 본능이 나오게 되며, 의식 그 자체로 있으면 유아독존의 자기 의식 그 자체를 성성하게 느끼게 됩니다.

이렇게 살아 움직이며 크고 작고, 착하고 악하고, 아름답고 추하고, 존재하다가 비존재로 보이는 이것의 성품을 참나, 신(神), 진리, 영원한 실재, 브라만, 불성, 근본우주 또는 지금 여기조차 있게 하는 근원적인 힘(NOW)이라고도 표현합니다.

이것은 커다란 신비 그 자체이며, 이것이 우리와 분리할 수 없는 하나라는 사실은 우리에게 있어 큰 축복입니다. 왜냐하면 우리는 그의 분신이며 본질적으로는 그와 하나이기 때문입니다.

   이것을 머리로 찾거나 느낌으로 측량하려 하지 마십시오. 이것은 당신의 일반적인 지적활동이나 인식수준을 넘어서 있습니다. 당신의 생각과 경험은 다 이것에서 나온 것으로 이것에 비한다면 태양과 그 그림자에 비교할 수 있기 때문입니다. 그림자로 태양을 묘사하거나 형용할 수가 있겠습니까. 이것은 당신이 머리가 아닌 가슴으로 존재하기 시작할 때 서서히 그대에게 그의 모습을 드러내기 시작합니다.

   그때 비로소 그대의 영적인 새 존재방식이 이것을 느끼게 됩니다. 하지만 당신은 이미 어렴풋하게나마 이것을 알고 있습니다. 저의 이 말이 당신에게 그것의 존재를 다시 확인시켜줄 뿐이라는 사실을 스스로 잘 알고 있습니다.

   이제 당신이 본래 있는 그대로 근본우주를 충만하게 존재하게 하는 이 신비로운 존재 그 자체이며, 위에서 말한 모든 능력이며 작용임을 인정하고 받아들이십시오.

   〈나는 우주조차도 있게 하는 근원적 전체이며 태초의 평화이며 더 이상 바랄 것이 없는 지복의 존재이다〉라고 스스로에게 선언하십시오.

그러면 모든 것의 배후에서 무한하게 존재하며 모든 것을 그렇게 있게 하시는 이것이 그대 안에서 서서히 그의 모습을 나타내실 것입니다. 이것이 즉시 그대의 관점을 바꾸어줄 것이며 나아가 서서히 그대의 존재방식을 바꾸기 시작할 것입니다.

이는 마치 왕자가 스스로가 왕자임을 몰랐을 때에는 세상 사람들과의 관계 속에서 우왕좌왕하게 되지만, 스스로 자기가 왕자임을 아는 순간 모든 언행이 왕자라는 신분 안에서 재정립되는 것과 같습니다.

그러므로 과거의 그대를 비우고 지금 이 순간에 그대를 살아 있게 하는 이 존재와 보이지 않지만 엄연히 실존하는 이 힘을 자각하십시오. 그럴 때 당신이 그 어떤 생각, 감정, 감각을 가지고 있든 간에 그것들은 더 이상 그대의 창조와 체험의 수단은 될지언정 그대의 빛나는 존재의 본성을 가리진 못합니다.

그대가 스스로 누구인지 진정 몰랐을 때에는 식스존이 그대의 본래면목을 가리는 일이 일어날 수도 있지만, 이제 당신은 이 모든 것의 주인이라고 스스로에게 확고하게 선언한 만큼 이 모든 것들은 더 이상 당신을 지배하고 구속할 수가 없습니다.

오로지 당신이 주의만 집중한다면 이것은 순간적이고도 자동적으로 일어납니다.

당신이라는 존재의 존재방식 자체가 바뀌니까요.

과거 식스존의 존재방식은 이때부터 새롭게 변화한 당신이라는 존재의 표현수단이 될 뿐입니다. 이렇게 매 순간 깨어 있게 되는 그대는 살아 있는 지금 이 순간에 존재하는 우주 대생명의 힘이며 에너지 그 자체입니다.

이제 새로운 〈존재방식〉으로 존재하십시오!

이것이 그대가 할 필요가 있는 유일한 수행입니다.

제5장
깨어 있음과 명상수행

명상하기

1. 내 인생의 배역과 배우는 각각 누구인가?
2. 마음이 죽음 이후에도 계속된다면 나의 죽음 이후에 남는 것은 어떤 마음일까?
3. 깨달음이란 결국 내가 무엇임을 깨닫는 것인가?
4. 수행할 필요가 없다는 것이 아니라 아예 수행해서는 안 된다는 이유는?
5. 나는 〈내가 인정하는 존재〉라는 말에서 나는 어느 범위까지 인정되는가?
6. 스톱(STOP)명상이란 결국 무엇을 스톱하란 말인가?
7. 지금 여기(NOW) 속엔 무엇이 존재하는가?

제6장
내 밖의 나

chapter.01

우주 전체가 나를 산다

우리는 이야기 속에서 개체의 나를 만들고
그 존재가 수행을 한다고 또다시 이야기를 꾸며내고 있다.
하지만 실상은 내가 사는 게 아니라 우주 전체가
나로서 나타났을 뿐이다. 근원적 우주에게는
무엇이 되고자 하는 수행이라는 게 필요 없다.

저는 여태까지 제가 인간 아무개라는 생각으로 된 이야기 속에서 살아왔습니다.

하지만 그것이 단지 나와 우리 사회가 그렇게 암시한 것에 불과하다는 것을 깨닫고 안 이제부터는 제가 저를 이 지구 전체 나아가 우주 전체와 분리할 수 없는 존재라고 여기고 그렇게 느끼며 살아가도록 하겠습니다.

왜냐하면 저는 제가 인정하고 받아들이는 바로 그 존재가 되어가기 때문입니다.

이러한 마음법에 눈을 뜬다면 저의 내면은 무한히 더 큰 존재로 확장될 것 같습니다.
이러한 저의 〈관점 바꾸기〉와 〈존재방식 바꾸기〉가 옳습니까?

좋습니다.
하지만 당신이 스스로를 무엇이라고 생각하고 받아들이며 느끼기 이전에 과연 이 현존하는 우주와 당신이 분리 가능한 존재인가 아닌가부터 면밀하게 살펴보도록 하십시오.
저는 당신에게 지금 어떤 생각을 하라든가 혹은 어떤 느낌을 가지라고 말하는 게 아닙니다.
저는 당신에게 어떻게 하라는 게 아니고 아무것도 하지 않은 채 다만 우리라는 존재의 실상을 똑바로 바라다보라는 것입니다.

앞서도 말했지만 당신은 스스로 사는 존재가 아닙니다.
당신은 스스로 자기 심장을 뛰게 하지 못하며 중지시키지도 못합니다.
당신은 자기가 먹은 식사를 스스로 위장을 움직여 소화시키는 힘도 없습니다.
당신은 자기가 숨을 쉰다고 생각하지만 그렇다면 정지할 수도 있어야 하는데 당신은 자기도 모르는 힘에 이끌려 그 섭리 안에서 무조건적으로 숨을 쉬어야만 하는 존재에 불과합니다.

자, 이런 당신이 어떻게 이 우주 안에 홀로 존재한다고 말할 수가 있겠습니까?

당신은 이미 이 우주와 분리할 수 없는 하나인 존재입니다.
마치 바다와 파도를 분리할 수 없듯이 말입니다.
사람들은 이렇게 말하면 또 전체와 부분이라는 논리로 원래 우주와 분리할 수 없는 하나인 인간을 또 논리 속에서 어떻게든 나누려 들 겁니다. 그것은 그렇게 해서 무언가를 더 잘 머리로 이해하려 하기 위함이지요. 하지만 그런 과정 속에서 우리는 실상의 존재방식을 망각하며 떠나게 되는 것입니다.

바다와 파도는 논리 혹은 시각적 감각 속에선 전체와 부분으로 나뉠 수 있을지 몰라도 실제로는 어느 누구도 그 둘을 전체와 부분으로 분리해낼 수 없습니다.
분리하려 드는 순간 그들은 본래의 모습을 잃게 됩니다.
바로 우리는 이것을 〈분별〉이라 하지요.
이 둘은 이렇게 분리할 수 없는 본래적인 하나입니다.

저는 이러한 신비로운 이치를 당신이 직관하고 깨닫길 바랍니다.
그러면 당신이 더 이상 무엇을 어떻게 생각하거나 어떤 관점을 만들어 가지거나 무엇이 될 필요는 생겨나지 않습니다. 그것은 유위(有

爲)적이며 작위(作爲)적인 행동에 불과합니다.

저는 당신이 있는 그대로의 자기의 본래 모습을 바라보고 느끼길 원합니다.

그래서 당신이 본래 무엇인가를 직시하고 당신이라는 존재의 본래 모습에 깨어나길 원합니다.

핵심은 당신이 무엇을 어떻게 또다시 하는 게 아니고 당신이 본래적으로 무엇인가를 알아차리는 데 있습니다.

이미 당신은 우주 전체인 진리와 분리할 수 없는 그것입니다.

당신은 스스로의 손가락을 보며 그것을 〈손가락〉이라고 분별하지만 우리 몸은 그것을 일체 분별하지 않으며 전체가 하나로 존재하고 살아갈 뿐입니다.

우리는 우리 자신을 중생이고 부족한 원죄를 가진 존재라고 폄하하지만 그런 것은 다 우리가 만들어낸 이야기일 뿐 우리는 이미 이 우주와 더불어 완전합니다.

실상은 당신은 우주 안에서 전체와의 관계가 우리 몸과 그에 붙어 있는 손가락과 같은 존재라는 것입니다.

우리만 우리 생각 속에서 이야기 속에 존재할 뿐 실재하는 우주는 우리에 대해 아무런 이야기도 갖고 있지 않습니다. 왜냐하면 우리가 바로 그이며 그가 바로 분리할 수 없는 우리 자신이기 때문입니다.

이것을 직시하는 것이 바로 정견(正見)이며, 그러한 존재로서 존재방식을 완전히 바꾸어 새로운 존재방식으로 전혀 새롭게 생각하고 느끼며 존재하는 것이 바로 정사유(正思惟)입니다.

자기가 그런 우주적 존재임을 받아들이는 것이 자기의 목숨을 똑바로 아는 정명(正命)이자 올바로 사는 정업(正業)이기도 합니다.

이제 이것을 알았다면, 그리고 당신이 이미 그러한 존재임을 깊이 확신하며 나의 안심입명처로 받아들이신다면 더 이상 무슨 수행이나 공부가 필요하겠습니까?

허상의 이야기 속에 있는 내가 수행해서 부처를 이루는 것이 아닙니다.

벽돌을 갈아 거울이 되겠습니까?

진정한 깨달음이란 바로 이렇게 지금 여기 이 자리에서 자기 자신에 대해 확실하게 깨어나는 것입니다.

당신이 아무개로서 지금 여기에 살고 있다는 것은 전부 다 당신과 우리 생각 속의 이야기일 뿐입니다. 오로지 실재하는 것은 우주 전체의 위대한 대생명이 개개의 현상 속에도 스며들고 나타나 이렇게 일체를 스스로 살리고 움직이고 있다는 이 사실뿐입니다.

그리고 크기에 상관없이 당신이 바로 이 모든 파동과 움직임의 주체자리에 있는 것입니다.

왜냐하면 파도가 곧 바다요, 바다가 곧 파도이듯이 당신이 곧 우주 전체라 당신이 의도하는 바대로 이 우주는 따라 움직이게 되기 때문입니다.

  당신은 여태까지 그러한 능력 넘치는 삶으로부터 자기를 분리하고 별 볼일 없는 존재로서 자기를 만들어왔지만, 이제는 그러한 과거의 존재방식에 이별을 고할 때입니다.

chapter.02

내가 우주를 움직인다

바다가 파도와 분리될 수 없듯이
내가 우주의 일부분이 아니라 내가 곧 우주이다.
그래서 바다 속의 조류가 바다를 움직이듯이,
내가 뜻함으로써 우주를 움직일 수도 있는 것이다.
이것이 살아 있는 진리의 참모습이다.

   이제 무엇이 진리인가를 좀 알겠습니다.
   이제 와서 보니 여태까지 제가 알고 있던 것은 진짜 진리가 아니라 진리에 관한 사람들의 이야기요, 해석이었다는 생각이 듭니다.
   하지만 내가 〈있다, 없다〉라는 분별이 있기 이전의 존재라 하더라도, 과거 내가 나라고 여기던 그 내가 따로 없고 본래 우주 전체가 나를 사는 것이 진리라는 것을 알고 개체의 내가 제 안에서 사라지다 보니, 좀 허무하다고나 할까 어딘가 좀 허전한 것이 느껴집니다.

264 _ 내 밖의 나

제가 아직도 어리석어서 나에 대한 집착심에서 그런 것일까요?

당신은 제 말을 아직 진리에 대한 새로운 이야기로서 받아들일 뿐 실제로 제가 말하는 것을 진리로 받아들여 완전하게 자기로 삼지 못했습니다.

그렇기에 위와 같은 말이 나오는 것입니다.

하지만 제가 한 말을 잘 살펴보세요.

나란 〈내가 나라고 인정한 것〉이라고 제가 앞서 말했지요.

이 말을 〈색즉시공〉적 차원에서만 해석하지 말고 〈공즉시색〉적 차원에서도 적용시킬 수 있다는 점에 주목하십시오. 진리는 언제 어디에서나 스스로 흔들림 없는 것입니다.

제가 앞서 나란 존재는 본래 〈아무것도 아닌 것〉이지만 바로 그러하기에 〈모든 것도 다 되는 것〉이라고 말씀 드린 바가 있습니다.

사실 아무것도 아닌 것이라야 모든 것이 자유로이 다 될 수 있지, 특정한 무엇이라면 이미 본래 성격상 그것이 아닌 것은 도저히 될 수가 없지요.

그러므로 당신은 본래 〈아무것도 아닌 존재〉일 뿐만 아니라 동시에 당신의 의지에 따라서 〈그 무엇도 다 되는 자유로운 존재〉이기도 한 것입니다.

왜냐하면 지금까지는 전체우주가 가장 최후에 애써서 꽃피운 자기의 표현이 바로 당신이니까요.

그러므로 당신이라는 존재는 유(有)도 아니며 무(無)도 아닌 채 이 모든 유무를 다 살려 쓰는 그 이전의 창조의 주인공인 것입니다.

그러므로 부디 자기의 미세한 생각이 짓는 자기 한정에서 벗어나십시오.

방금 전 당신은 그런 자기가 만든 한정과 구속에 다시 또 빠졌었습니다.

당신은 그 무엇도 아니므로 허무한 존재도 아니며 본래적으로 〈있음〉이나 〈없음〉의 존재조차도 아닌 것입니다. 당신의 본성은 이런 개념적인 언어성을 초월해 있는 존재라고 제가 앞서 말한바 있지 않습니까?

전체우주는 왜 모든 생명체들을 이렇게 창조하고 만들어낼까요?

그 이유는 우리와 같은 개체들의 존재방식을 통해 전체인 스스로를 드러내고 자각하기 위함입니다.

이는 마치 우리가 아침에 잠자리에서 눈을 뜨면 내 몸이 전체적으로 어떻게 잘 있는지를 확인하고 느끼고 싶은 것과 같습니다.

그러므로 우주는 그 본성이 공(空)한 동시에 색(色)한 것입니다.

본성 혹은 진리자리라 불리는 우리의 본래면목 그것은 공이나 색 그 어느 것도 아니며, 스스로는 이 두 가지를 초월하여 그 이전자리에 살아 있는 존재이자 활력 넘치는 에너지인 것입니다.

　힌두교나 불교의 일부사상 중에는 퇴행적인 특성으로 보이는 사상(생각)이 있습니다. 그것은 무조건 자아의 영역이 없는 유아적인 상태를 열반이라고 오해하게 한다거나, 열반에 이르는 것이 태어나기 이전의 무조건 공한 무의식상태로 돌아가는 것이라고 여기게 하는 가르침들을 말합니다.
　하지만 그렇게 본다면 이 우주는 공연히 이 짓을 헛수고하며 한다는 결론에 이릅니다.
　이 우주가 있는 그대로가 진리라면서 논리 속에서는 일체가 다 허망하다든가 혹은 헛수고라는 결론에 도달하는 자기모순에 빠지는 것이지요.
　이런 관점은 마치 아무리 잘해도 삶이란 그저 마이너스뿐이니 열심히 노력해서 마이너스에서 제로(0)상태나 되자는 논리와도 같습니다.

　하지만 여러분이란 존재나 삶이 과연 모두 다 그렇게 버려야 하며 마이너스로만 치부해버려야 할 못난 것들뿐이었나요?
　그래서 지금 당장 자살하는 게 나은데 다만 윤회로 또 되풀이되는 삶이 고통스러워 못 죽는다는 논리 속에서 꼼짝 못하고 갇혀 살아야 합니까?
　당신은 이 우주나 대자연이 공연히 실수하고 있다고 믿으십니까?

삶에 고통스러운 부분이 많다는 것은 분명한 사실입니다. 그러나 당신은 분명 그런 가운데에서도 삶 속에서 어떤 깊은 순간순간에 우주적 존재로서의 행복과 기쁨을 느꼈을 것입니다. 또는 생의 어느 순간 매우 심오한 느낌 속에서 개체적 삶이나마 그 존재함 속에서 진정한 보람과 가치를 느낀 적도 있을 것입니다.

우리는 사실 이미 전체라고 말하는 것조차 분별인 절대적인 전체와 분리할 수 없는 하나를 이루고 있습니다.
그러한 가운데 우리가 개체로서 존재하듯이 생각할 수 있고 감각할 수 있다는 것은, 곧 그러한 우리를 통하여 우리가 전체인 절대자 자체를 우리 안에서 자각하고 인식하기 위함인 오묘한 섭리인 것입니다.
진실로 그와 분리할 수 없는 그의 일부인 우리의 영적 목표는 그와 더 가까이 교감하여서 마침내는 그를 우리를 통해 온전하게 드러내는 데 있습니다.

하나님과 같이 된다는 것은 영혼에게 있어 최고 최상의 기쁨입니다. 그 어떤 육체적 쾌락이나 행복보다도 이것이 비교할 수 없을 정도로 큽니다. 그런데 우리의 무의식은 이미 언제나 하나님(우주 무의식)과 합일된 상태로 있습니다.
그러므로 깨달음, 즉 완전한 영적 성장이란 한마디로 말해 무의식적 존재가 의식을 나타내고 그 의식의 범위를 자꾸자꾸 넓혀서 마침내 그 완전하고 절대적인 신성을 체험하고, 그렇게 스스로 자신에 대해 자각하고 깨어나는 현재진행형의 것이라고 말할 수 있습니다.

이렇게 우리는 본질상 이미 전체우주와 하나 된 살아 있는 현재진행형의 우주 무의식 바로 그것 자체로 존재하고 있습니다.

제가 당신에게 말하고 싶은 메시지는 바로 이것입니다.

사람은 우주잠재의식의 신으로부터 태어나고 자라난 의식의 새싹입니다.

그런 우리가 이 의식을 가진 채 전체성의 성격을 가진 신(우주잠재의식)으로서의 스스로를 다시 표현하고 나타낼 수 있다면, 전체우주 잠재의식인 신(神)은 스스로를 다시 더 새로운 영역의 차원으로 창조, 확장하며 체험할 수 있을 것입니다.

우리는 그동안 너무나 〈공즉시색〉만이 진리라는 착각 속에 빠져 진리를 탐구해왔습니다.

하지만 이 세상을 살아오는 가운데 당신의 체험 속에서 과연 모든 것을 공하다고 부정하는 것만이 진리이던가요?

〈색즉시공〉과 동등한 진리인 〈공즉시색〉의 차원에서는 우리 인간이 이 물질우주에 나타난 근본적인 이유와 목표가 오히려 따로 있습니다.

즉, 의식을 가진 우리가 이 우주에 나타난 것은 〈우주잠재의식의 자기의식화를 통한 깨어남〉이라는 과업을 완수하기 위해서인 것입니다.

그래서 의식을 지닌 수많은 개체가 이 우주에 나타난 것입니다.

살펴보면 온 세상의 모든 존재들이 다 잠(무의식으로 돌아가 합일한 상태)을 잡니다. 하지만 그들은 낮 동안에는 각자 최선을 다해 자기 개체의식의 꽃을 피워내며 그 나름대로의 존재방식과 차원에서 자기 몸과 마음의 확장을 위해 최선을 다합니다.

이게 모든 동식물계를 지배하는 지금도 분명하게 살아 있는 〈공즉시색〉의 법칙입니다.

사람들은 그것을 본능이라느니 혹은 생명에의 의지라느니 하고 개념화하지만, 사실은 바로 이것이 우주의 존재법칙입니다.

따라서 우리 인간 개체는 〈의식을 지닌 개체로서 우주 무의식을 다 품은 신의 분신(分身)이 되고자 태어나게 된 것〉입니다.

그러므로 당연히 이 섭리를 깨달은 우리는 기존의 수행법들이 가르치는 무생물, 혹은 식물이나 동물의 존재방식으로 돌아감(이는 퇴행적인 존재 상태를 오히려 우상 숭배하는 것이다)이 아닌, 의식이 더 깨어나고 확장되어 전능한 신과 하나임을 자각하고 깨닫는 방식으로 살아야 합니다.

당신 안에는 이 삶 속에서 보다 더 크고 깊은 차원으로 자기를 성장시키고 모든 대상들을 통하여 더 높은 자아실현과 행복을 느끼려는 무한성을 향한 존재에너지가 잠재해 있습니다.

당신의 본래면목은 이미 완전하며 우주적 최고의 존재 상태에 합일해 있습니다. 그것은 생각 이전에 무의식 속에 존재합니다. 그것이 이미 분리할 수 없는 근원적인 당신이며 당신 속에서 아주 다양한 의식으로서 나타납니다.

그 무한 잠재의식 중에서 매 순간 나타나는 다양한 의식의 선택이 바로 당신의 창조이고 체험이며 그 결과가 바로 지금의 당신입니다.

그래서 당신이 무엇을 하든 당신은 지금 하나님의 전지전능하심의 구현작업에 동참하고 있는 것입니다.

이것이 신으로부터 당신에게 주어진 〈자유의지〉의 진정한 모습인 것입니다.

설사 당신이 이 세상에서 악역을 맡거나 무의미한 일을 하는 것 같아도 그 역시 어둠의 역할이나 드러나지 않은 부분이 됨으로써 결과적으로는 밝음과 전체성의 존재를 드러나게 하는 훌륭한 조연이 됩니다.

그러므로 우리가 일상 속에서 무엇을 하든 우리의 의식적 자아는 우주 무의식의 역사하심 안에 동참하면서 더불어 하나의 큰 목적을 위해 활동하는 것입니다. 그대 자체가 이렇게 나타났다는 자체가 이미 우주(지구) 역사의 당신을 통한 완성이며 궁극적 목표입니다.

그래서 깨달음이란 절대로 공간적 우주나 허공이나 무아 등만을 깨닫는 것에 그치는 게 아니고(그래서 이 우주가 여태까지 이룬 위대한 작업을 다 무위로 돌리고 허망하다고 보면서 퇴행적인 자세로 식물이나 무정물을 닮아가자고 주장할 게 아니고), 바로 이러한 자기의 존재성의 놀라운 본질을 통찰하고 다시 깨달아 〈공즉시색〉의 원리 속에서 전체우주가 개체의 존재 속에 되살아나고 부활하는 것입니다.

이런 의미에서 그대의 몸은 이 지구 45억 년 역사의 꽃이며, 그 몸이 담은 그대의 의식은 그 향기이자 결실인 씨앗입니다.
이 위대한 자각 속에서 그대가 자기의 자신에 대한 관점과 존재방식을 바꾸어 〈모든 존재와 분리할 수 없는 근원 그 자체〉가 될 때, 나는 그것을 깨달음이라고 부릅니다.
그래서 진리탐구의 핵심은 바로 지금 항상 그대가 무엇으로 존재하는가입니다.

저는 그대가 스스로 이렇게 위대하고 훌륭한 자기의 존재가치와 의미를 깨닫길 원합니다. 저는 당신이 스스로를 하나님처럼 여기고 그렇게 세상을 바라다보며 그렇게 알기를 원합니다(하나님과 대등하다는 이 말이 아직 부담스러운 분은 스스로를 하나님의 자녀나 부분이라고 생각하여도 무방합니다).

우리의 모든 비범한 지식과 통찰들은 모두 다 지구와 우주의 잠재의식에서 얻은 것들이며 거기에 뿌리를 두고 있습니다. 하나님이나 부처님이라는 개념조차도 우리가 발명했다는 이 사실이 우리가 신의 분신이거나 그에게 뿌리를 두고 있다는 명백한 증거입니다.

우리 속에 그분들이 없었다면 우리는 그런 개념들을 스스로 창조해내지 못했을 테니까요.

우리의 몸과 마음조차도 H_2O가 나타낸 이슬이나 서리나 얼음들처럼 그렇게 지구의식이라는 수증기(비유하자면)가 만들어낸 일시적인 결정체들이며 현상들일 뿐입니다.

이렇게 우리가 이미 존재의 바탕인 무의식 안에서 하나님(부처님)과 합일되어 있는 불가분의 존재라는 사실을 이해할 때 우리에게 닥쳐오는 그 어떤 고통이나 슬픔이나 외로움조차도 우리를 정복할 수 없으며, 마침내는 그것을 다 극복하고 초월하게 하는 내적인 정열과 힘을 줍니다.

그런 위대한 힘의 끝은 알 수가 없습니다.

우리가 삶에서 패퇴하는 순간은 우리가 우리의 삶을 그렇다고 정의하고 이것은 극복할 수 없다고 인정하고 자기를 패배자로 만드는 때일 뿐입니다.

이 모든 것을 다 이루며 다 가능하게 하는 힘이 어디에서 나옵니까?

바로 우리 안에서 나옵니다. 그러므로 인류는 이 삶 속에서 고통을 통해 더 많이 이해하고 더 많이 깊은 섭리들을 체득함으로써 변화하고 깨어나, 마침내는 모든 것을 이해하고 다 수용하며 초월하면서도 동시에 자유롭게 존재하는 깨어남의 경지에 이르는 것입니다.

이상으로써 당신은 우주와 그 속에 있는 모든 존재의 비밀을 이해하고 터득했습니다.

이것은 과거 불교에서는 〈색즉시공〉과 〈공즉시색〉으로 설명한 이치이지만 사실 이 두 가지 관점 역시 전체진리의 자리를 설명하기엔 역부족으로, 각각은 겨우 그 절반의 부분만을 설명한 것에 불과한 것이었습니다.

진리 그 자체는 〈색즉시공〉만도 아니요, 〈공즉시색〉만인 것도 아닙니다.

진정한 진리는 이러한 말과 글로써 형용하는 개념적 세계 안에 들어가거나 갇힐 수가 없습니다. 하지만 이 두 가지를 이렇게 동시에 동원할 때, 우리는 비로소 진정한 절대성의 전체 자리를 통각하고 지금 이 우주가 벌이는 살아 있는 현재진행형의 현장성을 느끼게 됩니다.

이것이 바로 〈지금 여기(NOW)〉라는 것이며, 〈있는 그대로〉라는 말이 뜻하는 것입니다.

당신은 바로 우주잠재의식이 스스로를 자각하고 깨닫기 위해 태어난 꽃과 같은 존재인 것입니다. 그리고 이제 그 꽃이 열매를 맺어야 할 때입니다.

chapter.03

있음과 없음의 재발견

참나는 있음과 없음, 알고 모름이라는
분별이 있기 이전의 존재이다.
존재 혹은 비존재라는 말조차도 참나가 인식하는
자각의 느낌 속에 있을 뿐이다.
그러므로 나는 모든 존재와 비존재조차도
창조하고 체험하는 근원이다.

이제 참으로 제가 누구인지를 제대로 알겠습니다.

사실 갓난아이였을 때나 밤에 깊은 잠을 잘 때, 그 상태는 내가 있는 것도 아니고 없는 것도 아니지요. 그 이유는 스스로 자발적인 생각 속에서 내가 있다고 인식할 수가 없기 때문입니다. 하지만 그렇다고 없는 존재도 아니니까 참 묘한 존재 상태라고 할 수 있습니다.

말하자면 있고 없음의 이전 상태라고나 할까요?

하지만 말씀을 통해서 저는 이미 내가 생각을 하든 안 하든 간에 그러한 상태가 나의 본질을 이루고 있음을 느끼고 알았습니다. 즉, 저는 저의 생각이나 감각적 인식여부와 상관없이 절대적으로 〈존재〉한다는 것입니다.

이렇게 명백한 것을 이제야 알고 느끼게 되다니 참 기막히기도 하고 그동안 〈있다, 없다〉라는 언어에 빠져서 살아온 삶이 우습기도 합니다.

그렇습니다.

이제 당신은 과거에 알던 그러한 〈있음〉과 〈없음〉이라는 생각의 환각에서 벗어났습니다. 당신의 본래 모습은 언어세계에 속한 개념인 〈있음〉도 아니며 〈없음〉도 아닌 그 이전의 것입니다.

여태까지 당신이 알던 〈있음〉과 〈없음〉이란 모두 다 단지 생각에 속아 그것에 끌려 다닌 환각에 불과합니다. 그것들의 본질은 유한한 언어일 뿐입니다. 이제 당신은 언어세계 밖에 본래적으로 있는 과거 당신이 전혀 모르던 새로운 [내 밖의 나]를 만나고 그것으로 변한 것입니다.

무어라고 기존의 개념이나 말로는 도저히 표현할 수 없는 이 [내 밖의 나].

생각상자에서 벗어난 사람은 무어라고도 정의하거나 개념화할 수 없는 이 〈아무것도 아닌 상태〉를 압니다. 그는 언어가 주는 마음의 유한한 세계에서 자유로워진 사람입니다. 그러한 사람을 가장 잘 표현하는 말이란 그저 스스로 〈있다는 느낌〉일 뿐입니다. 하지만 그조차도 역시 그 실존하는 존재와 이 개념세계의 중간에 놓인 징검다리적 표현에 불과합니다.

이제 이 느낌 속으로 깊이 들어가 보십시오.

깊이깊이 더 깊이. 그리고 이 속에서 대우주의 무한한 잠재의식을 만나십시오.

당신이 여태까지 상상하던 그런 거대한 크기의 허공은 진정한 공(空)이 아닙니다. 그것은 공이라는 이름은 붙었지만 당신에 의해 만들어진 비물질적이며 정신적인 물건일 따름입니다. 이것은 물질에 상대되는 가짜 허공이지 진짜 공이 아닙니다.

진정한 공이란 이러한 공의 상(相)조차도 공으로 다시 돌리는 것이어야 합니다.

스스로 만들어지지 않은 채 모든 것을 스스로 만들어내는 마지막 배경자이며 존재자. 이것이 진정하게 살아 있는 진공(眞空)입니다.

이것이 우주잠재의식의 참모습입니다.

하지만 공이란 게 결국은 무엇입니까?

이 말조차도 궁극적으로는 무엇을 표현하는 형상적 언어에 불과하지 공이 곧 진리의 본체는 아닙니다. 물의 모양과 형상을 제아무리 잘 표현했다 하더라도 그것이 곧 물의 본질은 아닌 것처럼 말입니다.

이제 이와 같이 모든 생각과 언어에서 스스로 떨어져 나오십시오. 그리고 홀로 그 무엇도 의존하지 않은 채, 그 무엇도 자기와 동일시하지 않은 채 〈아무것도 아닌 것〉으로 홀로 독존해 보십시오.

이제 자신이 이러한 존재임을 자각하고 관점을 바꾸어보십시오.

자기란 존재가 일시적으로 나타난 이 몸이나 마음도 아니며 이러한 있고 없음을 넘어서 그저 이 우주의 배경처럼 존재하는, 기존의 식스존에 의해서는 만져지거나 보이지 않는 미지의 전체적 존재 자체임을 자각하십시오.

그럴 때 당신은 홀연 온 세상 만물과 전체우주 역시 이것 그 자체가 바로 지금 여기 현재 속에 살아 움직이며 나타나 존재하고 있는 현재진행형의 세계임을 발견하실 것입니다.

모든 것이 미지의 그 세계에서 우러나와 우주적 생명에너지로 화하여 의식에 의해 인식되는 이 세계로 끊임없이 나타나고 표현되고 있습니다.

바로 지금, 이 순간에도!

그대는 이러한 살아 있는 우주적 근원의 표출이며 드러남입니다.

나무의 전체 생명이 나뭇잎 하나에 드러났다가 이윽고 그 나뭇잎이 떨어진다고 해서 나무전체의 근원적 생명이 소멸되지 않듯이, 그대는 바로 이 전체우주를 있게 하고 움직이게 하는 근원적 섭리이자 그의 힘입니다. 그대는 분리되어 떨어지는 나뭇잎이 아닙니다.

그러므로 하나의 생명 현상 속에서 나무 전체와 나뭇잎을 둘로 분리할 수 없듯이, 그대는 이 우주 전체(나무 전체의 생명력)와 본래 하나이며 분리할 수 없는 우주 전체 그 자체입니다. 하나의 나뭇잎에 불과한 육체는 소멸할지라도 그 영원한 생명은 다시 수많은 나뭇잎을 끊임없이 창조합니다.

이것이 바로 참다운 그대의 본래적 존재방식입니다.

이 근원적 배경으로부터 지금 이 물질우주가 나타났으며, 그의 살아 있는 위대하고도 영원한 에너지에 의해 세상의 모든 존재들을 다 감싸고 살리며 운영하고 있습니다. 그리고 지금 여기 바로 당신이 그 힘의 나타난 현상입니다.

당신은 잠시 나타났다가 사라질 육체나 수없이 변화하는 수많은 생각이나 감정, 감각 따위들이 아닙니다. 그것은 보다 더 깊고 심원한 존재인 당신이 가진 아주 작은 능력 중의 하나에 불과합니다.

그러므로 이제 있고 없음이라는 식스존 속의 개념세계, 생각상자 속의 환상세계로부터 해방되십시오. 이것이 당신이 과거에 알던 당신으로부터 벗어나는 해탈(解脫)입니다. 이제 당신은 새로운 그리고 진정한 참나를 만났습니다.

그것은 기존의 식스존 영역에서는 무어라 말할 수 없고 형용할 수 없으나 바로 지금 여기 분명하게 존재하고 있으며, 그대의 근원이자 본질로서 그대라는 현상을 존재하게 하고 있습니다. 당신은 이렇게 항상 〈스스로 있는 자〉였으며, 영원한 우주의 시작 이전이자 끝 이후인 자입니다.

이러한 당신은 존재 본연의 깊은 행복감과 평화스러움으로 충만합니다.
그대는 이제 모든 식스존 영역과 그 존재방식으로부터 벗어났습니다.
그대는 더 이상 과거의 그대가 아닙니다.
이것을 자각한 그대는 지금 이 순간(NOW)조차 있게 하는 그 배경으로, 이 자체로서 막 새롭게 태어났습니다. 지금부터의 그대는 과거의 개념으로 무어라고 한정지을 수 없는 매 순간 새로운 존재입니다. 지금 이 순간(NOW)은 단지 이 실재를 가리키는 말이지 어떤 뜻이나 개념도 갖고 있지 않습니다. 그대는 이제 어렸을 때, 그대가 자기의 존재를 가장 깊숙한 평화와 행복감 속에서 느꼈던 그때로 되돌아갔습니다.
그대는 드디어 회복된 것입니다.
그대는 이제 매 순간 속에서 그것이 어떤 상황이든 간에 상관없이 항상 스스로 완전함을 발견합니다.

모든 분별 속의 불완전함은 우리가 내가 있다든가 없다든가 하는 생각 속에서 존재하게 되며, 그 생각은 과거와 미래로 우리를 데려갑니다. 그것에 끌려 다니는 한 우리는 여전히 불행할 것입니다. 그러나 생각이 일어나기 이전의 있는 그대로의 그대는 본래부터 있다든가 없다든가 혹은 머리로 분별하는 그러한 생각상자 속에 빠져 갇혀 있지 아니합니다.

이것을 깊이 자각한 그대는 이제 개념의 감옥에서 해방되었으며 진실로 자유롭습니다. 그대는 더 이상 생각이 만드는 언어의 덫에 갇혀 있지 않습니다.

진정한 깨달음이란 이렇게 자기의 참다운 본질과 그의 실존적 존재방식을 깨닫는 것입니다.

이해를 돕기 위해 이제 여기서 완전한 깨달음이란 무엇인가에 대하여 아래와 같이 세 가지 관점에서 구체적으로 한번 정리해보겠습니다.

첫째로 나의 참다운 본질(體)은 무엇인가?
나는 모든 것의 근본이며 창조의 섭리 그 자체입니다.

둘째로 나의 참 모습(相)은 어떠한 것인가?
나는 곧 지금 여기(NOW)를 있게 하는 우주 대생명 에너지이며 물질세계로 나타난 살아 있는 힘입니다.

셋째로 그 힘의 존재방식(用)은 어떠한가?
있는 그대로의 지금 이 몸으로 살고 있는 내가 곧 진리의 화신이며 진리의 현현입니다.

이것을 받아들이고 이것이 되어 과거의 자기를 벗어버리고 이제 이 관점을 가지고 이렇게 존재하기로 스스로 결정한 자가 곧 제대로 깨달은 자요, 구원받고 거듭난 자입니다.
이러한 존재란 있고 없음으로 표현하거나 형용할 수가 없는 존재입니다. 다만 말로써 그러한 경지의 일부분을 이렇게 혹은 저렇게 표현하다 보니 그동안 깨달음에 대해 그렇게도 많은 말들이 난무했을 뿐입니다.
또 상대적인 언어개념세계에 빠진 사람들은 그 안에서 있다 없다 라는 개념에 홀려 우왕좌왕했을 뿐이지요.

하지만 이제 있고 없음 이전에 공하면서도 충만한 본래 존재의 자리에 깨어난 당신은 개념의 그림자 세계로부터 벗어나 실상을 보기 시작하게 되었습니다.
그리고 이것이 바로 이 책이 목표로 하는 진정한 〈깨달음의 열림〉입니다.

chapter.04

깨달음의 혁명

다른 사람들이 내게 주입하고 만들어준
자기 한정과 구속에서 벗어나라.
그때 더 이상 구하고 찾을 바가 없음을 스스로 알 것이다.
이미 내가 온전한 그것이니,
무엇을 수행한다 노력하고 고생할 것인가.

정말 놀랍습니다.

다른 수행법들은 〈나는 누구인가〉를 어떤 수행을 통하여 완성하자고 하는데, 당신은 나를 똑바로 직시하게 함으로써 내가 〈나란 이런 것이다〉라고 여겨왔던 과거의 관점을 바꾸고 완전히 새로운 존재방식으로 새로운 〈나〉를 보고 듣고 느끼게 하는군요. 그래서 내가 본래 완전한 존재라는 자각을 통해 깨달음의 새로운 지평을 열어주고 있습니다. 게다가 〈색즉시공〉에만 빠졌던 과거의 수행법들에서 벗어나 동등한 진리인 〈공즉시색〉 차원에도 눈을 뜨게 해주었고요. 실로 이 방법은 혁명적인 것이라 생각합니다.

제가 말하고자 하는 바를 제대로 이해해주셨습니다.
우리 인간은 시크릿(Secret)의 법칙에서도 보듯이 스스로 〈자기가 인정하는 것〉이 되는 존재입니다.
인류사 속의 모든 위인들이 바로 이 법칙을 통해 자기의 꿈을 실현하였지요.
그런데 과거 우리는 이러한 우리의 내면에 깃든 위대한 능력과 섭리에 대해 너무나 무지했다는 것입니다.
그 이유는 우리가 우리에게 주어진 이 육체라는 아바타에 너무 현혹되고 빠져버렸기 때문이기도 합니다. 그래서 우리는 육체 안에 갇히게 되었고, 그 결과 스스로를 부족하고 죄 많은 중생과 죄인으로 정죄하고 심판하는 데만 몰두해왔지요.

하지만 그렇게 함으로써 우리는 우리 속에 깃든 위대한 신의 자유의지(자기가 원하는 대로 할 수 있고 될 수 있게 한 능력)를 왜곡하고 우리 자신을 구속하고 한정함으로써 우리의 무한한 우주잠재의식적인 힘을 잘못 사용해왔습니다.
그래서 우리는 예수나 석가와 똑같이 〈나〉란 말을 쓰지만 우리가 말하는 나와 그분들이 말했던 〈나〉와는 천양지차가 생겨나게 되었습니다.

즉, 그분들이 말하는 〈나〉란 완전한 신의 자유의지를 가진 완전한 〈나〉임에 반해, 우리가 생각하는 나란 죄 많고 실수투성이인 부족한 나가 되어버린 것입니다.

하지만 우리는 이 〈나〉란 말을 누가 쓰든 그 내용은 다 같다고 여긴 채 마구 사용하고 있지요. 이렇게 하여 우리는 지금도 여전히 예수나 석가 같은 위대한 선각자들의 참뜻을 왜곡하고 있는데, 그 이유는 우리가 아직도 그분들이 말씀하신 위대하고 완전한 〈나〉를 내 몸으로 여기거나 또는 그분들의 아바타인 육체와 동일시하고 있기 때문입니다.

그래서 오늘날까지도 그분들의 진정한 전체성의 정신인 〈나〉를 무시하고 그분들의 육체에만 집착한 결과 그분들이 여기시는 〈나〉와 우리가 생각하는 나가 전혀 다른 것으로 벌어진 것도 모르는 채 그저 말이 같으니까 그게 그것이라는 어리석은 해석을 하고 있는 것입니다.

하지만 이제 저는 이 착각을 바로잡기를 당신에게 요청합니다.
이제 우리는 우리가 신으로부터 선물 받은 이 자유의지를 제대로 이해하고 활용하여야 합니다. 신은 우리에게 이 자유의지를 통해 마음대로 꿈꾸고 원한 대로 이룰 수 있게 하여 마침내 당신과 똑같이 될 수 있는 능력까지 주셨던 것입니다.

이것이 자유의지의 진정한 참뜻입니다.

그러므로 당신은 더 이상 진리를 찾아 수행하거나 무엇을 찾아 헤맬 필요가 없습니다.

왜냐하면 당신은 당신 스스로가 인정하고 되기를 원하는 그 존재가 바로 될 수 있는 그런 존재이기 때문입니다.

하지만 당신은 스스로를 그러한 자유의지와 능력을 가진 존재로 인정하지 않았으며 오히려 자기 자신을 무지하며 죄 많고 부족한 존재로 인정했습니다.

그리고 그 결과로서 당신은 지금 이렇게 당신 스스로가 선택하고 창조한 대로 무명업습 속에 빠져 헤매며 진리를 찾아 수행해야 하는 중생이 된 것입니다.

저는 이제 그런 언어와 개념이 만든 세계 속에서 다람쥐 쳇바퀴에 빠진 세상 사람들에게 새로운 메시지를 전하고 싶은 겁니다.

즉, 당신이 스스로 〈나는 중생이다〉라는 전제 하에 자기에게 부여한 생각인 〈어떻게 수행하여 무엇이 되자〉라는 존재방식 하에서 더 이상 고생하지 말고, 곧바로 직접 지금 〈내가 대체 무엇이며 본질적으로 누구인가〉를 똑바로 보라(正見)는 것입니다.

당신은 당신이 인정하고 받아들이는 바로 그 존재입니다.

왜냐하면 당신은 본래 〈아무것도 아닌 것〉이지만 동시에 스스로 가진 자유의지를 통하여 뜻하는 〈그 무엇도 다 되는 것〉이기 때문입니다.

이 자리는 본래성품이 그러하므로 무슨 수행과정이라는 게 없습니다.
왜냐하면 우리는 본래 자기 스스로 의심 없이 진정으로 선언하면 바로 즉시 그것이 되는 존재니까요.
당신 안에 그러한 우주잠재의식이 본래적으로 들어 있습니다.
당신은 수많은 사람들이 이 방법을 통해 자기의 꿈을 이루며 자기를 변혁하고 혁명적으로 존재방식을 바꾸는 것을 목도해왔습니다. 이제는 당신 차례입니다.

당신이 자기 내면에서 스스로를 죄 많은 중생이라고 여긴다면 당신은 반드시 그런 〈나〉를 창조하고 체험할 것입니다. 당신이 미처 눈치 채지 못하는 사이에.
하지만 당신이 자기 내면 속에서 스스로에 대해 〈나는 우주의 근원이며 형태적으로는 아무것도 아닌 성품이나 살아 있는 우주적 진리이기에 원하는 그 무엇도 다 될 수 있다〉라고 선언하는 순간 그대는 그런 존재로 변하게 됩니다.
이것이 바로 마음의 비밀이며 깨달음의 비밀입니다.

이것이 바로 위대한 〈나〉가 내 안에서 되살아나는 순간이며 그를 통해 우리가 얻는 것이 바로 깨달음인 것입니다.

당신이 자기 자신에게 이렇게 선언할 때 당신은 과거 당신이 〈이것이 나〉라고 여겨왔던 모든 환상에서 벗어나게 됩니다.

그리고 그 순간부터 당신은 전혀 새로운 존재방식으로 존재하게 되는 자기 자신을 발견하게 될 것입니다.

사실은 당신이 본래부터 있는 우주자리에 합일하는 게 아니라 당신의 마음자리 혹은 성품 자체가 우주란 것조차도 만들어내고 그것과도 하나가 되는 놀라운 기적을 체험하는 것입니다.

그래서 진리란 곧 스스로는 아무것도 아니지만 동시에 무엇이라도 다 창조할 수 있는 이 위대한 능력을 가진 〈마음(우주잠재의식)〉인 것입니다.

본래 우리의 성품이 스스로 이러한 까닭에 새로이 더 얻었다고 말할 것도 없으나 또한 본래의 능력이 되살아나면 이처럼 온 우주를 다 제가 삼켜버리는 것이기도 합니다.

그러므로 이제는 깨달음에도 혁명이 일어나야 합니다.

이제 〈색즉시공〉에만 빠져 〈진리란 일체가 다 없어져야만 되는 것〉이라는 고집스런 착각에서 벗어나야 합니다.

진리란 이렇게 해야만 되는 것도 아니며 저렇게 해야만 되는 것도 아니지만 동시에 내가 인정하면 이래도 될 수 있고 저래도 될 수 있으니, 그 이유는 일체를 다 내가 가진 성품이 나를 만들고 체험하는 까닭입니다.

 따라서 이 이치를 밝힌 이상 이제는 더 이상 수행하고 고생하지 맙시다.
 다만 당신이 본래 무엇인가만을 직시하고 통찰함으로써 자기가 이미 근원이자 전체이고 진리임을 깨달으면 끝나는 것입니다.
 모든 것이 다 이 위대한 〈나〉 안에 들어 있습니다.

chapter.05

창조와 체험

**삶은 나를 통한 우주의 창조놀이이다.
깨달음이란 이 진실을 알고 온전하게
나를 창조하고 체험하며 누리는 것이다.**

이제야 모든 것을 다 알겠습니다.

결국 그동안 제가 진리라고 생각한 것들이 사실은 진리가 아니라 〈내가 생각으로 진리라고 여긴 것들〉이었군요.

이제 이런 생각들로부터 벗어나 영원한 전체성의 존재가 잠시 개체성으로 드러난 자기를 구체적으로 느끼고 이렇게 자각하게 되니 참으로 홀가분하고 자유스럽습니다. 이것을 모른 채 과거의 저는 정말로 어떤 노래 제목처럼 바보같이 살아왔습니다.

오랜 대화를 통해 저를 이렇게 깨어나게 이끌어주셔서 참으로 감사합니다.

당신의 깨어남에 저도 깊이 감사드립니다.

저 역시 자각을 통해 마음의 눈을 뜨고 보니 세상은 그대로 한 편의 진한 블랙코미디였습니다. 그래서 한동안은 그저 바보처럼 웃고만 다녔지요.

제 눈에 세상이란 존재하는 일체가 우주의 영원의 빛이 변화하여 만들어진 여러 마음들이 창조하는 세계였고, 우리는 그 안에서 자기가 만들어낸 그것들을 누리고 체험하는 존재들이었습니다. 그런데도 사람들은 지금도 그것을 까맣게 모르고 세상이라는 한 편의 연극, 영화 속에 푹 파묻혀 살아가고 있습니다.

우리가 지금 여태까지 진리를 논하고 수행의 필요성을 말해왔지만 그러나 여러분, 한번 잘 생각해보세요. 세상에 원래 태초부터 깨달음이란 게 정해져 있었던가요?

아니지요.

이것은 분명히 인류가 만들어낸 하나의 정신적인 유산입니다. 즉, 우리가 이러저러한 것을 깨달음이라고 규정한 뒤, 우리가 그것을 스스로 그 논리회로 안에서 그 논리가 가리키는 체험을 하려고 노력하는 중이다, 이 말입니다.

본질을 본다면 종교가 그렇고 법률이 그렇고 문화가 그렇고 경제든 교육이든 다 그렇습니다. 모든 인류가 가진 정신적인 소프트웨어들은 다 결국은 우리가 만들어낸 우리의 〈생각〉이다 이 말입니다. 그래서 그 생각을 잘 마스터하고 그대로 따라한 사람을 우리는 대단한 사람, 성공한 사람이라고 칭송합니다.

공부 잘하는 사람, 골프 같은 운동 잘하는 사람 다 우리가 만든 법칙을 잘 따라 하는 사람들이지요. 그래서 운동경기도 규칙을 모르고 보면 그저 그런데, 규칙을 잘 알고 보면 아주 재미있다 이 말입니다.

그런데 이거 가만히 잘 보면 아주 우습지 않습니까?

즉, 이 모든 것은 바로 우리가 문제를 어렵게 만들어 던져놓고 우리가 자기가 만든 문제를 또 열심히 고민하며 풀고 있거든요.

알렉산더가 복잡하게 매듭지어진 밧줄을 풀라 하니까 단칼에 끊어버린 걸 기억하실 겁니다. 마찬가지로 우리가 만든 이 밧줄 매듭을 풀라니까 대다수 사람들은 그 문제 안에 빠져 그 문제의 기본 성격을 직시하질 못합니다.

일체가 우리가 만들어낸 〈창조〉라는 것을 말입니다.

그러나 알렉산더와 같이 본래 지혜로운 극소수의 사람들만이 이모든 것들이 다만 인간의 생각이 만든 피조물들이라는 것을 압니다. 그래서 이런 문제들의 본질을 자각하고 깨어나 자유롭게 됩니다.

바로 이런 깨어남의 지혜가 이 복잡다단한 명상수행과 진리탐구법이 넘쳐나는 오늘날 우리에게 필요하다는 말입니다.

한번 잘 살펴보세요.

화두참선을 해서 몽중일여, 오매일여, 숙면일여, 생사일여를 해야 깨달음이다 하니까 사람들은 다 그 생각에 사로잡혀(그 밧줄 풀기에 매달려) 모든 것을 다 포기한 채 평생 어려운 걸 열심히 한다 이 말입니다. 하지만 아무리 어려운 것이라도 가능한 것이라면 하면 결국은 되지요. 이건 본질적으로 마치 서커스에서 고난이도의 공중돌기를 자꾸 연습해서 결국은 성공하는 것과도 같아요.

그러나 그래봤자 다만 그것을 잘할 수 있는 것뿐이에요.

안 그렇습니까?

모든 게 본질적으로 다 이렇습니다.

그러니까 우리는 단지 이러한 조상들이 만들어준 생각들은 다만 우리가 우리 스스로를 사로잡은 생각일 뿐이라고 본다면 바로 그 즉시 우리가 스스로 설정해서 스스로를 가둔 모든 문제에서 해방되는 겁니다.

실로 자기가 문제라고 보니까 문제가 되는 것입니다.

자기가 어떤 문제를 자기가 못 가진 것 혹은 못 이룬 것으로 문제라고 삼으니까 그때부터 그 문제가 자기에게 위력을 갖는 것이지요. 이렇게 우리가 우리 자신이 만든 식스존 영역 속의 생각에서 자유로워질 때, 우리는 우리가 만든 문제들로부터 자유로워지면서 해방되는 겁니다.

자기가 실로 세상의 모든 문제들을 바라보고 풀 수 있는 다양한 모든 〈관점〉을 다 가지고 있는데, 왜 어느 하나의 관점에만 매여 있느냐 이 말입니다.

깨달음이란 것도 봅시다.
우리가 알아왔던 깨달음이란 이러저러해야 한다고 유명한 선각자가 말하니까 다들 그 생각에 포로가 되어버렸습니다. 즉, 남이 창조한 것에 매인 것이지요. 그래서 자기란 주체를 잃어버리고 남의 창조물만 쫓아다닙니다. 그래서 결국은 그 사람이 전제한 어떤 특정한 체험을 해야만 제대로 된 깨달음이라는 논리회로에 갇혀버린 거지요.
그거 한번 갇히면 평생 못 벗어납니다. 자기가 스스로 벗어나기 전에는.
다른 길로 가는 길도 많은데 꼭 그 길 아니면 안 되는 줄로 아는 겁니다.

깨달음이란 무엇인가에 대해서도 말들이 각각 다릅니다.
어떤 종파에선 오매일여가 되어야 깨달음이라 말하고, 또 어떤 명상단체에선 〈공〉을 보고 〈무아〉가 돼서 그것을 자기 안에서 잃지 말아야 깨달음이라 그러고, 또 어떤 명상단체에선 자기 자신을 끝없이 바라보면서 자각해나가야 한다 그러고, 또 다른 마음수행단체에선 내가 곧 우주가 되어야 한다고 그럽니다.

대체 이렇게 각각 다양한 의견 속에 무엇이 진정한 깨달음일까요?

제 말은 이런 것으로부터 정말로 다 자유롭게 되는 게 진짜 깨달음이라는 겁니다. 스스로 일체의 자기 생각과 식스존으로부터 자유로워 더 이상 자기가 만든 틀에 갇히지 않기에 이러기도 하고 저러기도 한 게 진리지, 꼭 이거다 저거다 하면 이미 고정된 〈틀〉이다 이 말입니다.

그러니 이제는 그런 거 수행해서 이루고 돼야 한다는 〈생각〉에서 놓여나십시오. 그 생각이 그 즉시 개체의식을 만들고 중생심과 에고심을 만들어냅니다.

금강경에서 그렇게 아상과 중생상을 만들지 말라고 하는데도 오히려 종교나 수행단체에서 그것을 조장하는 것이 현실입니다.

그럼 아무렇게나 살란 말인가?
그러면 〈아무렇게나 사는 자〉라는 인격이 만들어지는 거지요.
콩 심은 데 콩 나고, 팥 심은 데 팥 나는 것처럼 결국은 우리가 만들어 가지고 그것을 체험하는 게 인생의 본질이란 것입니다. 그러니까 우리는 자기가 자기의 주인공이며 자기 생각의 창조자란 말입니다. 왜 자꾸 〈이래야 하는 거야? 아니면 저래야 하는 거야?〉 이런 생각에 매여 있느냐 이 말입니다.

자기가 만들고 싶은 인생을 사는 게 참으로 자유스러운 것 아닙니까?

이제는 〈어떻게 해서 무엇을 체험하는 이것만이 깨달음이야〉라는 생각에서 이젠 풀려나십시오. 이렇게 하는 것만이 진리라고 그 진리가 당신에게 와서 말해주던가요?

아닙니다.

우리가 그 〈생각체계〉를 진리라고 인정하고, 그 생각에 빨려 들어가 접수된 것입니다. 진실을 말하자면 우리가 깨달아야 구원받는 게 아니라, 깨달음이라는 개념을 만들어서 구원과 초월이라는 체험놀이를 해보고 있다는 것입니다. 우리가 유사 이래 신이라는 개념을 창조하고 여태까지 우리 자신의 여러 가지 측면을 잘 체험하고 있듯이 말입니다.

우리가 이러한 자유의지를 가진 우리의 본래성품을 잘 자각한다면, 그 다음엔 깨달음도 우리가 만들어 노는 하나의 생각〈놀이〉에 불과하다는 것을 스스로 알게 될 것입니다.

기독교의 구원관 역시 마찬가지입니다.

예수님 말씀 따라 그 버전으로 아주 성스럽고 거룩하게 노는 것입니다. 우리가 만든 논리 안에서 우리가 행하고, 그래서 거기서 어떤 공통된 체험을 얻고, 그래서 그것을 〈진리〉라고 이름 붙이고. 그러니 삶이란 게 기본적으로 다 즐거운 겁니다. 다 〈놀이〉에 불과하거든요. 망하고 괴로워하고 아파하고 죽는 것조차도 진실은 본질적으로는 놀이에 불과할 뿐입니다.

마치 예술가가 흙(생각)으로 그릇(이론체계)을 빚고 그것을 감상(체험)하듯이, 삶의 실상을 보면 우리는 여태까지 그렇게 살아온 겁니다. 그런데도 우리는 인생은 고해라느니 삶이 너무나 혹독하다느니 세상은 고통의 바다고 어두운 사탄의 세계라느니 말하고 주장하면서 한 관점 속에서 일방적으로 한쪽으로 몰아붙이며 살아왔습니다.

하지만 삶이 진짜 고해일 뿐이라면 왜 웃고 다니는 사람들도 있을까요?

결국 삶은 그냥 삶일 뿐 그거 다 자기가 창조한 자기의 생각일 뿐이며 그래서 그러한 자기의 삶을 자기가 체험하는 것입니다.

세상에 대한 모든 해석들은 다 우리의 생각들이 빚은 프로세스입니다.

생각이 만든 환상특급이란 매트릭스(matrix)라고나 할까요?

세상을 자기가 그렇게 보니까 세상을 그렇게 체험하는 것입니다. 스스로 진리란 매우 귀한 것이며 이런 것이다 하니까 그때부터 얻기가 어려워지는 것입니다. 어두운 선글라스를 꼈다면 당연히 보이는 게 어둡습니다. 그러니 이제부턴 그대 자신을 바로 전체와 분리할 수 없는 우주 대생명 그 자체로 보세요. 그러면 깨달음 문제는 바로 끝나버리게 되지요.

깨달음이란 우리가 스스로 만든 시험문제이고, 그 해답을 풀었다는 것도 일종의 자기 〈환각〉이고 〈최면〉입니다. 다 생각과 체험에 불과하니까요. 깨달았든 못 깨달았든 이미 본질적으로는 우주 전체와 분리할 수 없는 존재들로서 다 같다고 하지 않습니까?

일단 이렇게 마음먹으면 깨달음은 넘어가고 그 대신 우리의 타고난 능력인 생각과 체험을 잘 누리는 문제만 남습니다. 삶을 이렇게 바라다보게 될 때 거기에 어디에도 걸림 없이 매우 편안하게 그리고 긍정적인 관점의 시야가 열리게 되는데, 굳이 말하자면 이게 바로 〈깨달음〉인 것이지요.

그러니 이미 완전한 능력을 가진 우리가 그동안 얼마나 불편하고 못난 것들만 창조해서 그 안에서 스스로 괴로워했습니까?

이게 다 누구의 잘못일까요?

그건 생각을 잘못 굴린 앞서 산 사람들의 탓이고 또 그것을 그대로 받아들인 우리 탓이기도 합니다. 그렇다면 이제 우리가 누릴 것은 단지 가장 자유로운 관점에서의 창조와 체험임을 알게 됩니다.

때로는 전체적인 관점과 전체마음으로.

때로는 개체적인 관점과 개체마음으로.

때로는 이렇게 생긴 마음을 쓰고 때로는 저렇게 생긴 마음을 창조해서 쓰면서 그 마음이 일으킨 환상세계를 체험하고 맛보는 자기를 향한 탐구자.

이렇게 사는 자기를 자각한다면, 그는 사실 더 이상 할 일이 없어진 대자유인이 되는 것입니다. 그리고 그 다음에는 그냥 삶의 매 순간에 어떤 식스존을 창조하고 그 결과로 빚어지는 체험을 맛보는 〈체험놀이〉만이 남는 거지요.

우리의 삶이란 결국은 이런 자아탐험의 무대입니다.

육조혜능 선사가 말한 〈응무소주이생기심(應無所住以生其心: 스스로 아무것도 아닌 존재로서 일체 모든 것을 다 만들어 써라)〉 역시 이러한 경지를 말한 것이지요.

이제 이러한 이치를 깊게 깨우쳐 아셨다면 부디 〈어째야 한다〉라면서 마음을 항시 텅 비워야 한다거나, 저능아 같이 멍청하게 되는 것을 이상적으로 삼거나 혹은 하나의 특별한 감각이나 견해만 붙들고 있는 이상하고도 비정상적인 사람이 되지 마시길 바랍니다.

진리는 그대를 진정으로 자유스럽게 하고 편안하게 하는 것이며 지금 있는 그대로의 당신이 이미 완전하다는 것을 자각시켜주는 것 이외의 다른 그 어떤 것도 아닙니다.

이제 그동안의 어리석고 어두운 창조와 그로부터 만들어진 쓰라린 체험에서 벗어나고, 스스로 자기를 지배했던 과거의 생각과 마음에서 벗어남으로써 본래 나에게 주어졌던 자유와 권능을 회복하십시오.

이제 이러한 진실에 눈뜸으로써, 본래부터 위대하고도 영원불멸했던 나 자신에 대해 깨어나십시오. 더 이상 이 몸에 속아 이 유한한 형체만을 나라고 여겨왔던 착각에서 벗어나십시오. 그대의 신중한 사색과 통찰 속에서 관점을 바꾸어 자기를 확고하게 되찾고 당신의 존재방식을 획기적으로 바꾸십시오.

이것이 진정한 거듭남이며, 새로운 나로서 되살아남(부활)입니다.

그대와 더불어 이러한 진실한 이야기를 나눌 수 있었음에 행복합니다.

긴 글 영혼으로 같이하며 읽어주신 당신께 다시 한 번 참다운 신의 축복이 있으시기를 진심으로 기원합니다.

감사합니다.

네버랜드

| 제 7 장 |

〈거듭나기〉 안내

부록

1. 거듭나기 명상학교 소개

우리가 보통 일상의식 속에서 〈나〉라고 여기는 게 대체 뭘까요?

나라고 하는 것에도 일정한 존재방식이 있습니다. 그 본질을 가만히 살펴보면 그것들은 다 〈생각과 느낌〉이고, 그 생각과 느낌들은 우리 내면에 심어져 있는 잠재의식에서 우러나옵니다.

그들을 다시 더 구체적으로 분석해보면, 우리의 잠재의식은 생각, 감정, 감각, 관계, 시간, 공간이라는 여섯 가지 요소들에 의해 날줄과 씨줄로 짜여진 최면세계라고 말할 수 있습니다.

깨어난다는 것은 달리 말해 우리 잠재의식을 무의식적으로 지배하고 있는 이러한 최면요소들에게서 깨어나는 것이고, 그 깨어남이 똑바르고 통합적이며 전체적이면 그것은 곧 깨달음이 됩니다.

깨달음은 우리가 무엇을 새로이 얻는 게 아니라 단지 우리 자신을 깊이 미혹하게 하고, 허공의 헛꽃처럼 최면 걸고 있는 우리 마음들을 정화시키고, 그 환상에서 벗어나게 하면 되는 것이니까요.

〈거듭나기 명상〉은 크게 두 가지로 이루어져 있는데, 그 첫 단계가 바로 영성을 함양하여 의식을 고차원적으로 정화시켜주는 〈식스존(Six Zone)명상〉이며, 그 다음 그 정화된 고차원의 영성을 바탕으로 하는 본격적인 깨달음을 위한 수행명상법이 〈헤븐존(Heaven Zone)명상〉입니다.

이러한 명상법들을 제대로 가르치기 위하여 〈거듭나기 수행회〉는 그 산하에 〈거듭나기 명상학교〉와 〈피올라 영성학교〉를 두고 있습니다.

거듭나기 명상학교는 지구 어느 곳에서나 다 거리에 제한 없이 가입하실 수 있는 온라인(On-Line) 상의 사이버공간학교(www.born2.net)이며, 피올라 명상학교는 직접 얼굴을 보고 명상수행을 가르치는 오프라인(Off-Line) 영성학교(서울 강남구 도곡동 412-1, 대표전화 558-5582, 529-6402)입니다.

지금도 그러하지만 앞으로는 더욱더 저희 거듭나기는 보다 더 과학적이고 합리적이며 현대적이고도 민주적인 방법으로, 인간의 오감을 명료하게 열어주는 시청각교육을 총동원하여, 여러분을 조상대대로의 업습의식으로부터 벗어나게 해드리는 것을 목표로 노력하겠습니다.

저는 과거 수십 년을 기존의 여러 수행단체나 수행방법들이 가진 장점들 혹은 문제점과 한계를 직접 가입하고 배우며 많이 보고 듣고 느껴왔습니다. 그래서 과연 무엇이 마음수행의 장단점이고 어떤 함정이 어디에 있는가에 대해 잘 알고 있습니다.

이제는 많은 이들이 이런저런 수행이라는 이름하에 구속되고 갇혔던 미망 속에서 서서히 깨어나고 있습니다. 이렇게 인류는 보이지 않는 섭리에 따라 서서히 깨어나고 발전하는 것이라고 생각합니다. 진리는 어느 누구 한 사람이나 한 단체, 한 종교만이 독점할 수 없으며 어떠한 설명이나 이론으로도 이는 합리화될 수 없습니다.

진정한 진리는 우리 모두 그 자체이며 사실 이미 우리는 그 안에서 활짝 꽃피어 있는 진리의 화신들이니까요. 그런 우리가 자기를 죄인이나 중생이라고 부른다는 사실이 아무리 방편이라 할지라도 저는 그 방편이 또 다른 잠재의식을 만듦으로 결과적으로 그다지 좋지 않다고 생각합니다.

저는 〈진리수행을 제대로만 한다면 나날이 자꾸만 더 행복해질 수밖에 없는 것〉이라고 생각합니다. 우리를 더 행복하고 평화스럽게 만들어주는 것 바로 그것이 살아 있는 진리 아니겠습니까.

식스존은 불과 사흘간의 집중수련이지만 이것을 제대로 수행하고 마스터한다면 반드시 자기생각과 마음으로부터 해방되어 마음의 주인자리에 오르게 될 것입니다.

여러분이 지금 어떤 수행을 하시고 어떤 단체에 다니시든 간에 다 그것은 여러분이 어느 날 일으킨 생각에 따라 행동하는 게 아니던가요. 그 한 생각에 매이고 구속되어 평생을 그렇게 허비할 수도 있습니다.

지름길은 자기가 만든 생각을 쫓아가는 게 아니라 그러한 생각 자체를 똑바로 보는 것입니다.

식스존을 제대로 수행한다면 여러분은 참으로 여태까지 자기를 지배해온 과거 자기의 기질과 업습에 대해 확실하게 깨어나실 수 있습니다. 그렇게 되면 살아서 이미 하늘권속이 되어 하늘나라 존재로서의 공부를 하는 헤븐존의 아홉 단계(정립지, 정안지, 경안지, 환희지, 광명지, 합일지, 무위지, 부동지, 정각지) 중에 경안지나 환희지 정도에 드실 수가 있습니다.

그렇게 되면 적어도 현대인들을 괴롭히는 각종 스트레스나 우울증, 고독 등으로부터 완전하게 자유로움을 얻을 수 있지요.

그리고 그 다음 다섯 번째 단계인 광명지부터는 스스로 〈아무것도 아닌 존재(이것을 굳이 말로써 표현하자니 이렇게 표현합니다)〉가 되어, 그 전체마음으로서 자기 안에 아직도 남아 꺼져가는 불씨를 다시 살리려 하는 개체마음(에고)의 활동을 확실하게 자각하고 근절시킬 수가 있는 것입니다.

　이렇게 말하다 보니 처음 이 글을 읽는 분들에겐 좀 과장광고 같기도 해서 오해할까 걱정이 됩니다. 하지만 저는 여기서 거듭나기만이 최고이고 무조건 최선이라고 주장하는 게 아닙니다. 아마도 언젠가는 또 더 나은 정신을 담은 모임이나 단체가 생겨날지도 모릅니다. 세상은 그래야 하며 또 그러한 것이 우주와 세상의 속성입니다.
　저는 다만 지금 제가 여러 가지 깊은 경험 속에서 배우고 닦은 바를 여러분과 이런 체계 하에서 더불어 수행하고 나누고 싶은 것입니다.
　그래서 여러분의 시행착오를 최대한 줄여드리고 싶은 것이며 그간 여러 잘못된 명상단체들의 문제들로부터 명상이라는 귀한 이름을 다시 깨끗하게 만들고 싶습니다.
　말로만 우리는 모두 진리로 같고 평등하다고 하면 뭐합니까?
　실제로 그런 언행합일이 되는 창조와 체험이 일어나야 하지 않겠습니까.

　이런 이유로 〈거듭나기 수행회〉는 가장 초보적인 학교 단계인 초등학교의 형태를 취하고 수행자들을 빨리 각성시키고 졸업시켜드리려고 노력하고 있습니다. 비록 아주 작은 대안학교일지 모르지만 졸업시험에 합격하면 졸업장도 드릴 것입니다.

저희 학교는 모든 학생들을 가르치고 배출시키는 대안학교 방식을 취하고 있습니다.

깨달음이나 구원은 더 이상 수행자들을 구속하고 잡아두는 미끼가 되어선 안 됩니다.

그러기엔 여러분은 이미 너무나 아름답고 완전합니다.

거듭나기의 진짜 핵심은 내가 스스로 변하는 데 있습니다.

우리는 어제보다 더 행복해지고 더 아름다워져야 합니다.

아무리 생각으로만 〈이것이 진리이고 완전한 수행법이다〉라고 외우거나 기억하고만 있으면 뭐합니까? 그 역시 놓아버려야 할 번뇌망상일 뿐입니다.

이런저런 언행을 가지고 진리를 거론하며 개념을 만드는 유희도 다 놓아야 합니다. 말이나 이론만 가지고 개념 속에서 분주한 것은 모래로 밥 짓는 행위와도 같습니다.

그리고 실제로 여러분의 가슴이 나날이 더 행복해지고 평화스러워지며 다음과 같이 크게 활짝 깨어나셔야 합니다.

첫째로, 여러분은 모든 것으로부터 〈대자유〉를 얻으셔야 합니다.
이것은 스승이나 진리나 종교나 단체로부터도 마찬가지입니다.

둘째로, 여러분은 자기가 자기 생각과 마음의 〈창조주〉임을 깨달아야 합니다.

우주조차도 내가 보는 대로 보이는 것입니다.

셋째로, 여러분은 자기가 우주로부터 이미 엄청난 〈사랑〉을 받고 있는 존재임을 자각해야 합니다.

여러분은 이미 이 우주의 근본자리와 분리할 수 없는 하나입니다. 그런 여러분이 지금 왜 불행하고 우울하고 괴로울까요?

넷째로, 여러분은 항상 〈새로워야〉 합니다.

여러분은 매 순간 이 우주가 새로이 창조하는 창조적 생명 그 자체입니다. 어제와 다름없는 오늘이라면 그는 이미 어제라는, 제 마음이 지은 상(相) 안에 갇혀 있는 것입니다.

다섯째로, 여러분은 자기가 〈신성(神性)〉 그 자체임을 자각해야 합니다.

여러분은 지금 이 순간도 자기 자신이 그 얼마나 신성한 존재인가에 스스로 눈뜨지 못하고 있으며, 단지 〈내가 배운 깨달음이란 무엇이다〉라는 개념놀이 속에만 갇혀 있습니다.

진정으로 우리가 깨어나는 길은 내가 내 안에 남아 있는 채 얻어

듣고 가진 이런 모든 것들을 다 놓고 자유로워지는 것입니다.

수행에는 단계가 있다든지 없다든지, 주체가 있다든지 없다든지, 돈오돈수라든지 점수라든지 하는 따위의 논쟁들은 여러분을 단지 개념의 세계와 사변 안에만 갇히게 할 뿐입니다.

부디 이제는 그런 배운 것들로부터 놓여나시기 바랍니다.

말로는 진리에 도달할 수 없습니다.

아무리 더 잘 말할 수 없는 기막히게 훌륭한 개념이라도 그것은 결국에는 꽃으로 장식한 감옥에 불과합니다. 우리는 그동안 너무나도 심할 정도로 개념과 언어세계에 빠져 살아왔습니다.

진짜 자유로움은 이런 것들을 완벽하고 철저하게 넘어서는 데 있습니다.

거듭나기 학교가 장차 여러분을 그 길로 확실하게 안내할 것입니다.

감사합니다.

2. 명상학교 수강 소감

1) 나는 대자유입니다

아, 지금의 나를 어떻게 표현해야 다른 도반님들에게 제대로 전달될 수 있을까요?

꿀맛을 말이나 글로 표현하기가 불가능한 것처럼 지금 제 심정이 딱 그렇습니다.

식스존 강좌를 수강할 때, '꾸앙―' 하고 징을 치시면서 "무엇이 소리 내고 무엇이 듣습니까?"

이 한마디에 가슴에 확 다가온 것이 있었습니다.

아, 모든 게 하나구나. 통으로 하나가 그저 이런저런 모습으로 나와 한바탕 축제를 벌이는 축제 판이구나. 그저 존재하는 건 지금 이 순간뿐이구나.

과거는 없는 것인데 내가 끌어안고 애지중지 못 놓고 있을 뿐이구나.

전체와 하나가 된 나를 느끼며 지금 여기에 존재하려고 노력하며 지내고 있었습니다.

(제가 좀 둔한 편이라 제대로 강의 뜻을 받아들이지 못하고 있었던 것이었습니다.)

운이 좋게도 곧 헤븐존 강좌를 들을 기회가 찾아왔습니다.

강의 초반만 해도 저는 아직 내가 어떤 존재인지 확실히 모르고 있었습니다.

그저 옛날에 비해선 많이 맑아지긴 했으나 아직 닦아내야 할 때가 덕지덕지 붙어 있으니 이번 수련으로 완전히 정화시켜야지 하는 마음으로 헤븐존 강좌에 임했습니다.

그런데 강의가 진행될수록 그게 아니었습니다.

무엇을 어떻게 정화하고 자시고 이런 게 아니고, 단도직입적으로 [내가 누구인가]에 직접 치고 들어가는 것이었습니다.

하루하루가 달라졌습니다. 과학적으로 잘 짜여진 교재로 강의가 계속되자 점차로 내가 누구라는 게 확연히 드러나기 시작했습니다.

아, 어느 순간 저는 알았습니다. 아니, 되었습니다.

무엇이?

[아무것도 아닌 나] 동시에 [모든 것이 되는 나]!

모든 것은 내가 창조하는 것이었습니다.

내가 만들고 내가 거기에 빠져서 죽느니 사느니 하면서 지지고 볶고 살고 있었던 것이었습니다. 아무런 정화작업이 필요가 없었습니다.

너무 어이가 없어서 헛웃음만 나왔습니다.

이렇게 쉽고 빠른 길을 모르고 그동안 얼마나 많은 세월과 돈과 노력을 허비했었나.

범아일여, 우아일여, 몽중일여에 목매여 얼마나 많이 바보같이 끌려만 다녔던가.

그리고 지구명상법을 통해 동시에 알아낸 것이 있습니다.

뭐 하나 부족할 것이 없는 분이 왜 이런 사이트를 만들어 매일같이 수많은 글을 올리고(저는 교장선생님의 글 쓰시는 양과 질에 오래전부터 경외감을 느껴왔습니다.) 명상학교를 만들어서 휴일도 없이 저러고 계실까 하는 점이었습니다.

그것은 무한한 [사랑]이었습니다.

그 사랑의 마음이 제 가슴에 와 닿는 순간 쏟아지는 눈물을 주체할 수 없었습니다.

지금 이 글을 쓰는 순간에도 그 생각만 하면 눈물이 납니다.

저는 지금 정말 행복합니다.

아니, 내가 행복을 창조하고 그것을 누리고 있습니다.

나는 대자유입니다. 내가 만들고 싶으면 만들고, 아니면 아닙니다.

과거처럼 내가 만든 것에 빠져서 허우적대는 삶은 영원히 '빠이빠이' 입니다.

교장선생님, 정말 감사합니다.

그날 못 올린 삼배를 지금 올립니다.

황정 선생님과 코스모스님을 비롯한 같이 공부하며 울고 웃던 도반님들, 정말 반갑고 고마웠습니다.

이 글을 읽는 다른 도반님들, 처음에 쓴 것처럼 글로 전달하는 건 불가능입니다.

그러나 꼭 말씀드리고 싶은 것은 기회가 되면 놓치지 마시라는 것입니다.

감사합니다.

— 활공화 (약국 경영)

2) 드디어 깨달은 나

교장선생님의 저서를 접하고 작년 여름에 사이트에 가입하여 그동안 그렇게 참여하고 싶었던 식스존 강좌를 드디어 수강했습니다.

이런저런 지난 시간들이야 교장선생님의 말씀에 따라 다 내가 만든 이야기이지만, 저도 그동안 가장 중요한 시기라 할 수 있는 젊은 시절의 많은 부분을 수행과 깨달음을 쫓아 헤맸던 적이 있었습니다.

무슨 수행이 취미인 듯 이런 수행, 저런 수행을 수집(?)하러 다녔던 시간들이 있었습니다.

그땐 진짜 수행, 깨달음밖에 안 보였지요. 무슨 신성한 능력을 느껴야만 한다는 어리석음, 오래도록 가부좌를 틀어야만 한다는 어리석은 수행 방식. 지금 생각하니 창피할 정도로 어리석은 짓들을 많이 했습니다.

그런 시간들을 겪고 나서 '이건 아닌데……' 하는 생각으로 다시금 민간인(?)의 삶 속으로 돌아왔습니다. 하나 제 안에서 용솟음치는 진리탐구의 갈망은 도저히 사그라질 줄을 몰랐습니다. 그러던 중 피올라 명상학교를 접하게 되었습니다.

학교에 가기 전에는 큰 기대는 안 했습니다. 조금은 특별한 방식이구나라는 생각과 기존의 명상법과는 다른 차원의 식스존, 헤븐존이라는 구별을 둔 것에 대한 궁금증만이 있을 뿐이었습니다.

그러나 교장선생님의 차원이 다른 강의에, 강의를 듣는 삼 일 동안 가슴으로 살아가는 법과 내가 전체이며 전체가 나이며 길가는 모든 사람, 식물, 하다못해 미물까지도 모두가 나이고 전체인 것을 느낄 수 있었습니다.

수행은 머리로 쫓고 생각하고 집중하는 것이 아니라, 그냥 있음을 느끼는 것이라는 것을 알게 되었습니다. 이젠 알게 되었습니다. 느꼈다라는 말조차도 의미가 없고, 뭐라고 표현을 할 수가 없는 상태가 되었습니다.

그동안 베스트셀러 작가처럼 이야기만 써온 제 자신과 그동안 진리라고 쫓아다녔던 그동안의 모든 것들이 허물어지고 사라지는 순간이었습니다.

교장선생님께서 말씀하시는 버릴 것도, 죽일 것도, 무엇을 붙잡고 있을 것도 없다.
관점을 바꿔라!
그 순간이 곧 우주가 되고, 무한한 창조의 능력을 지닌 NOW가 곧 진리이고 진정한 나이다!

이제는 'NOW다, 진리다, 나다' 라는 말조차도 허상이 만든 개념에 불과할 뿐이라는 것을 느낄 수가 있습니다. 전 굳이 표현을 하자면(이 글도 개념의 해석일 뿐입니다) '그냥 있음이다, 존재할 뿐이다, 그냥 여기다, 지금 이 순간이다' 라는 말로써 다른 분들께 제가 강의를 들으며 느꼈던 점을 전해드리고 싶습니다.

산의 정상은 하나입니다. 가는 길은 수천, 수만 갈래입니다.
뒷걸음만 치면서 온 산을 헤매고 다니실 건지, 케이블카를 타고

올라가실 건지는 각자의 선택과 결정에 달려 있습니다. 분명 피올라 명상학교는 케이블카라고 말씀을 드리고 싶네요.

  이 소중하고 엄청난 가르침을 베풀어주시는 교장선생님의 무한하신 도량에 큰 감사 올립니다.

  식스존 강의 삼 일 동안 들었다고 인생이 바뀌고 진리가 터지는 것은 아닙니다.
  그러나 분명 가까이 갈 수 있음을(이런 말조차도 이젠 개념적인 표현이지만) 전 자신 있게 말씀을 드릴 수 있습니다.
  이젠 저도 실생활 속에서 끝없는 자각을 하며 노력할 것입니다. 사십 년 가까이 허상으로 살아왔으니 하루아침에 전체로 느끼며 살아간다는 것은 힘들겠지요. 그러나 전 이제 찾았습니다. 이젠 더 이상 헤매지 않을 것입니다. 전 그것만으로 이미 전체가 되어 있습니다.

  여러분, 느끼세요. 내가 없음을, 관점을 전환하여 있음도 아니고 없음도 아님을. 느끼시기만 하면 됩니다.
  그러면 바로 여기입니다. '바로 NOW!' 입니다.

  - 도림 (승려였다가 환속한 수행자)

3) 관점의 변화가 나의 변화다

지난 식스존 집중강좌 삼 일 동안 저에게는 '나는 누구인가?'에 대한 공부를 할 수 있는 정말로 소중하고 귀한 시간이었기에, 강좌를 통하여 제가 겪었던 변화를 여러 선생님들과 함께 하고 싶습니다.

집중강좌 이후 느끼는 가장 큰 변화는 저에게 관점의 변화가 일어났다는 것입니다.

강좌를 통하여 그동안 수백 수천 가지 채널이 나오는 성능 좋은 텔레비전을 단지 하나의 채널만 고집스럽게 사용하고 있는 저의 갇힌 틀을 좀 더 객관적으로 볼 수 있게 되었습니다.

이렇게 닫힌 개체의 관점에서 열린 전체의 관점으로 변화함으로써 자유로움과 이해심 또한 커지는 것을 느낄 수 있었습니다.

또한 이러한 관점의 변화를 일으키는 자리, 모든 것의 배경이 되는 자리, 유무를 초월한 절대적인 전체의 자리, 항상 새로움이 샘솟는 대자유의 바로 그 자리가 참나임을 증득할 수 있었습니다.

이제는 우주가 말하고 우주가 듣고 우주가 살아갑니다.

더욱 놀라운 사실은 우리 모두가 진리의 그 자리에서 훌륭한 창조 능력을 발휘하여 무한한 창조와 체험을 하고 살아가고 있다는, 즉 우리 모두 이대로가 진리의 화신이라는 사실이었습니다.

단지 시력이 멀쩡한 사람이 눈을 감고 안 보인다고 하듯이 바로 그 진리 자리에서 그러한 중생상 혹은 수행자상을 창조하고 있을 뿐입니다.

이번 집중강좌 동안 이러한 깨달음이 어떤 특별한 치열한 구도의 과정 없이도 교장선생님과 황정 선생님의 잘 짜여진 강의와 실습 프로그램에 따라서 단지 진정성의 마음만으로 즐겁고 열심히 참여함으로써 얻어졌다는 사실이 너무도 놀랍고 믿기지 않았습니다.
저의 수행 도반이신 도림님의 말씀처럼 마치 케이블카를 타고 편하게 산 정상에 오르는 듯한 기분이라고도 할 수 있을 것 같습니다.

단지 참나를 만나겠다는 진정성의 일심만 있다면, 이제는 그 목표에 쉽게 도달할 수 있는 좋은 학교에서 공부를 잘 할 수 있게 된 좋은 인연에 다시 한 번 진심으로 감사드립니다.

— 참나 (종합병원 의사)

4) 이제는 졸업하겠습니다

교장선생님, 정말 감사합니다.

며칠 전부터 모든 소리들이 제 가슴속으로 들어오고, 가슴으로 듣기 시작하더니, 드디어 오늘 아침 눈을 딱 뜨는 순간 일체 모든 것들이 다 나에게서 나왔음을 직시하게 되었습니다.

즉, 일체의 모든 것이 내가 있어 있음을 확신하게 되었습니다.

내가 있어 일체가 다 있는 것 즉, 이것이 참으로 그 유명한 범아일여의 경지 아닙니까?

범아일여뿐만이 아닙니다. 우주까지도 제 안에 버젓이 있는 게 아닙니까.

우아일여의 경지!

눈을 뜨면 개체요, 눈을 감으면 전체.

우주뿐만이 아니라 일체 모든 것들은 내가 창조했고 내 안에서 다 나온 것 아닙니까?

한마디로 내가 있어 우주도 있는 것이고, 내가 있어 일체 모든 것도 다 있음을 확연히 깨우치게 되었습니다.

죄송한 말씀이지만 우리 교장선생님도 내가 있어 있는 것입니다.

안 그렇습니까?

저 오늘 하루 종일 혼자서 미친놈이 다 되었습니다.

비실비실 혼자서 웃고, 이것저것을 다 비춰보기도 하고, 참 세상이 많이 변했습니다. 나 같은 인간에게도 이런 고귀한 깨달음의 경지가 오리라고는 법신불증득 이전엔 감히 엄두도 못 냈지요.

 법신불증득, 아니 내가 법신불임을 안 그 순간부터 변화가 오기 시작했습니다. 법, 보, 화신불이 다른 데 있는 게 아니라 바로 내가 곧 그 자체임을 깨닫는 순간부터 내가 조금씩 변하기 시작함을 스스로 느끼고 있습니다.

 언젠가 교장선생님의 말씀이 생각납니다.
 "법신불 증득에는 필연코 범아일여가 동반되어야 한다."
 이 말씀의 의미를 이제야 깨쳤습니다.
 사실이 그렇습니다. 내가 곧 일체의 주인이고 만상만물이 나를 통해서 다 생겨나고 또한 소멸되는데 범아일여가 되지 않는다면 말이 안 되지요.
 한때 범아일여를 한 삼 일 경험했는데, 그때와 지금은 전혀 다릅니다. 그때는 머리로 그렇게 잠깐 비쳤을 뿐이었고, 지금은 이미 내가 그 모든 것들을 다 관장하는 그 자체에 딱 올라섰으니까요.

 이제 더 이상 흔들림이 없습니다.
 내가 모든 것들의 주인이고, 나 없으면 모든 것 또한 없음을 확연하게 깨우친 이상 무엇에 흔들림이 있겠습니까?

 교장선생님!

그간 며칠 사이에 걱정 많이 하셨지요?

'바위님이 진짜 제대로 깨우쳤나?' 솔직히 노심초사하셨을 것입니다.

그러나 걱정하지 마십시오.

저 이렇게 우뚝 섰습니다. 누가 뭐라 해도 나는 나입니다. 내가 바로 모든 비밀의 열쇠를 가졌고, 나 아니고서는 결코 그 열쇠로 문을 딸 사람은 없습니다.

내가 바로 법신불이고, 내가 바로 끊어진 그 자리이며, 나를 통해 일체 모든 것들이 다 나오게 되어 있고, 나 아니고서는 모든 것을 변화시킬 사람은 아무도 없습니다.

이제 마음 푹 놓으십시오.

더 이상 저를 의심치 마십시오. 분명히 우리 교장선생님 명예를 떨어뜨리는 일은 없을 겁니다. 단지 지혜가 더 열릴 때까지는 어린 양과 말 안 듣는 철부지, 말을 잘 못 알아듣는 아기일진 몰라도, 분명한 것은 '나' 이것만은 결코 변함이 없습니다.

정말 감사합니다.

이번에 또 한 가지 느낀 것은 스승 없이 결코 깨닫기가 어렵다는 것을 실감했습니다.

제가 은산철벽 앞에서 항상 머무르고 있을 때, 교장선생님의 단

한마디가 저를 현재 이 상태로 만들어주셨습니다. 만일 그런 말씀을 해주실 스승님이 없었더라면 저는 아마 지금까지도 헤매고만 있었을 것입니다. 이 말씀은 언젠가 저에게 수행담의 기회가 주어졌을 때 꼭 도반들에게 들려주고 싶은 충고이기도 합니다.

교장선생님!

이제 두 발 쭉 뻗고 편안하게 주무십시오. 저 역시 정정당당하게 졸업장을 받겠습니다. 이제 받을 수 있다고 생각합니다. 아니 받아야 계속해서 제 뒤를 이어서 졸업생이 배출되지요. 비록 초등학교 졸업장이지만, 그러나 자신 있습니다. 중고등학교, 대학교, 대학원 졸업장까지 딸 자신이 있습니다.

걱정 마십시오.

제가 이 자리까지 오게 해주신 교장선생님께 꼭 보답하는 일이라 여기고 자중하고 자중하여 열심히 하겠습니다. 잘 영글고 제대로 된 벼가 고개를 숙이듯 결코 자만하지 않고 묵묵히 제시해주시는 법만을 철저히 지키면서 열심히 하겠습니다.

정말 고맙습니다.

— 바위 (대전에서 식당 경영)

5) 내가 깨어났다

주 연속 금토일 삼 일씩 집중 스파르타 강좌를 받았다.
6시쯤 본 수강이 끝나면 내 몸이 내 몸이 아닌 지경에 이르렀다.
내 많은 명상을 다녀봤어도 이렇게 힘든 적은 처음이다.
그렇지만 그 다음날이면 또 다른 에너지가 나를 일으켜 세운다.
집중강좌 내내 교장선생님의 흐트러짐 없는 모습과 열정, 학생들 하나하나에 사랑을 쏟아부어주심이 보였다.
헤븐존 수료의 결정은 교장선생님의 사랑 꽃피움이다.

첫 주에는 식스존에 대한 점검과 개념의 재정립으로 시작해서, 둘째 주에는 명상실습을 했고 나의 본질에 대한 자각이 될 때까지 진행되었다.

처음에 뭐가 뭔지 난해해하는 도반들도 시간이 지나면서 본성이 피어남이 보였다.
참 신기했다.
보여줄 수도, 느낄 수도, 설명할 수도 없는 진리.
그것을 자각하고 그것이 될 수 있게 한다니.
교장선생님이 참으로 대단하고 훌륭한 분임을 보게 되었다.

이런 것을 표현하는 명상단체나 수련원은 내 한 곳도 못 봤다.

어떤 곳은 신비를 목적으로 현혹하고, 또 어떤 곳은 말로만 〈네가 이미 그것이다〉라며 방종한 삶이 자유로운 삶인 양 말한다.

내가 한 행동, 내가 한 말 한마디.

이것이 어디로 가는가?

가는 곳은 바로 나에게로다.

난 이것을 알게 되었다.

옛날 선현들이 바르게 살아라, 손해 보는 듯 살아라 하셨는데, 그들은 그것이 이미 이익임을 아셨던 것이다.

참으로 이것이 무서움이다.

그러니 내 행동 하나하나, 내 말 하나하나 신중하고 또 신중해야 함이다.

기존 명상은 수행과 나의 삶이 따로라면, 헤븐존은 수행과 나의 삶이 하나로 살아지며 꽃피우는 것을 지향한다.

명상할 때만 삼매가 아닌 내 생활에서의 삼매.

이것이 될 수 있고, 이것으로 살아가는 것으로 가르치는 강좌다.

집중강좌 내내 열강과 명상지도를 해주신 교장선생님, 사랑합니다.

그리고 항상 뒤에서 묵묵히 지탱해주시는 선생님들과, 너무나 맑은 영혼의 도반들과 함께함이 즐겁고 행복한 시간이었습니다.

다들 꽃피어남으로 애쓰셨습니다.
감사합니다.

- 연화 (가정주부)

부록

3. 식스존 명상소개

제가 명상을 한 이십 년쯤 해보니까 명상의 본질이 〈눈 감고 가만히 앉아 있는 것〉이 아니라 눈을 뜨건 감건 간에 마음속에 외부로 치달리는 상(相)을 가라앉히고 그로부터 자유로워져 벗어나는 것임을 알았습니다.

즉, 명상이란 자꾸 자기가 살아오면서 만들어 가진 여러 가지 마음속에 얽히고설킨 상념들로부터 자유로워지는 것이란 얘기입니다.

다른 말로 하자면 내가 해석하고 쓴 마음속의 내 이야기로부터 해방되는 것이라고나 할까요. 그래서 명상을 통해 깨달음을 얻는다는 것은 결국은 말이 〈뭔가를 얻는다〉는 것이지, 사실은 〈얻을 바가 없는 것〉을 얻는 것이요, 〈아무것도 아닌 것〉이 되는 것입니다.

얻을 바가 없다고 말하면, 사람들은 또 〈없다〉에 빠져서 그러면 〈뭘 왜 공부하나?〉 하는 의문을 가지기가 쉽습니다. 하지만 여기서 없다라는 말은 본성자리에 일체 아무것도 없다라는 말이 아니고, 그 자리가 이미 내가 본래부터 가지고 있는 성품이라 새로이 달리 외부에서 다시 얻어가질 게 아니더란 말입니다.

그러니까 바람직한 깨달음 공부는 자기가 이미 가지고 있는 본성을 가리고 있던 번뇌 망상을 지우거나 벗겨내고, 본성 자체를 그냥 맑게 드러나게 하면 되는 것입니다. 마치 푸른 하늘에서 여러 가지 구름들을 다 벗겨내거나 사라지게 하면 저절로 푸른 하늘이 활짝 드러나듯이 말입니다.

그래서 저는 명상공부를 할 때 기존에 있는 무조건 남이 하는 방식을 따라한 게 아니고 좀 더 과학적으로 나에게 맞는 방법으로 접근했습니다. 그것은 즉, 나의 본성을 가리고 있는 〈여러 가지 착각요소들이 과연 본질적으로 무엇인가〉를 좀 더 근본적으로 따져보기 시작한 것입니다.

그랬더니 그것이 제게는 다음과 같이 여섯 가지로 정리되었습니다.

(1) 첫째는 생각입니다.
과거 저는 다른 사람들과 마찬가지로 내 생각을 나와 동일시하였습니다. 그래서 내 생각을 누가 비판하면 화를 냈고 안 들으면 기분이 나빠졌습니다. 하지만 어느 날 문득 생각이란 단지 내가 만든 피조물이라는 것을 직관하고 나서는 확 달라졌습니다.

(2) 둘째로는 감정(느낌)입니다.

감정은 수시로 저를 지배하고 우울하게 하거나 외롭거나 고독하게 했습니다. 저는 그런 감정의 느낌에 굴복하여 감정이 이끄는 대로 이리저리 방황하며 살아왔습니다. 감정은 사람의 기질을 만들고 성격을 형성합니다. 그래서 한 개인의 인격이라는 것이 만들어집니다.

(3) 셋째로는 인간관계를 포함한 삼라만상과의 모든 관계였습니다.

내가 있음에 네가 있고, 네가 있음에 제3자격도 생겨납니다. 또 가족이나 형제 혹은 연인이나 가까운 수많은 사람들과의 관계가 그 얼마나 우리를 얽매고 꼼짝 못하게 하는지 저는 깊이 자각하였습니다.

(4) 넷째로는 감각입니다.

감각은 안이비설신의 여섯 가지의 세계를 만들어냅니다. 그리고 우리는 그 감각에 빠져서 세계가 항상 실존하는 절대적인 세계라고 착각하고 있지요.

하지만 장님이나 귀머거리 혹은 농아들에게는 전혀 별개의 세계가 있습니다. 모든 생물들의 감각존도 우리 인간들과 엄청나게 다르지요. 이렇게 본다면 대체 어디까지가 실존하는 세계이며, 어디까지가 우리 인식의 한계선일까요.

(5) 다섯 번째로는 시간입니다.

우리는 항상 과거와 현재, 그리고 미래를 넘나들며 살고 있다고 생각합니다. 하지만 사실 우리는 항상 〈지금 여기〉라는 현재만을 살고 있지요. 과거와 미래는 항상 우리의 마음속 최면세계 속에만 존재합니다. 즉, 우리에게 과거가 엄연히 존재하지만 강아지나 곤충의 인식세계 속에서도 마찬가지로 그러하진 않습니다.

(6) 마지막 여섯 번째로는 공간입니다.

우리는 공간이 절대적인 것으로 여기지만 그것은 우리가 몸을 가졌을 때뿐이고 이 몸을 벗어났을 때에는 지금 이렇게 보는 공간이라는 게 사실 없어집니다. 그리고 그 대신 거기엔 단지 내가 인식하는 〈사건〉과 〈상황〉이라는 게 있을 뿐이지요. 그러니까 시공간이라는 것 역시도 하나의 환상이란 얘기입니다.

이렇게 여섯 가지가 제가 〈여기 있다〉라는 착각을 하게 하는 저의 과거 존재방식들이었으며, 개인(에고적 존재)이라는 착각을 강하게 가지게 하는 최면요소들이었습니다.

그래서 저는 이 여섯 가지를 제 마음으로부터 약화시키고 그 힘을 지우는 강력한 명상을 집중적으로 하기 시작했습니다. 그것이 바로 〈피올라 명상학교〉에서 강의하고 있는 식스존 명상의 모태가 된 것입니다.

　이 명상법은 이렇게 여태까지의 여러 가지 종래의 명상법들과는 달리 전혀 새로운 각도에서 접근하므로 아주 신선하고 획기적인 방법을 가지고 있습니다.

　즉, 종래의 명상법들은 한마디로 말해 사람 마음을 흙탕물이 든 컵에 비유할 때 그 물 컵을 오랜 시간 가만히 놔두어 흙탕물 같은 마음이 조용하게 가라앉도록 하는 비효율적인 방법을 썼는데 반해서, 식스존 명상은 식스존이라는 흙탕물을 거르는 여과지를 써서 바로 맑은 물을 만드는 것입니다.

　그래서 식스존 명상은 아주 효과가 빠릅니다.
　물론 여기에 집중강좌를 통해서 여러 가지 부수적인 다른 명상법들을 추가로 씁니다. 모쪼록 보다 더 많은 분들이 피올라 명상학교에서 이 새로운 방법을 통하여 보다 더 빨리 깨달음의 길로 나아가시길 바랍니다.

　이제는 과학시대이며 합리성이 주먹구구식 수행을 능가하는 시대입니다. 수행을 하더라도 보다 더 합리적이며 과학적인 방법이 등장해야 합니다. 왜 모든 분야는 다 발전하는데 유독 마음수행 분야만은 옛날 것만이 최고이며, 후세의 우리는 더 새로운 방법을 발견해 내지 못하고 수백 수천 년 전 생각만을 무조건적으로 옳다고 따르며 아무런 개량이나 발전시킴도 없이 그대로 답습해야만 할까요.

이런 관점에서 식스존 명상은 2년 이상의 오랜 시간을 거쳐 많은 개발비를 투자하여 탄생한 것입니다.

이렇게 만든 식스존 명상은 현대적으로 시청각 기자재를 이용하여 재미있고, 특수효과방(거울방, 우주방, 부처눈(眼)방 등)에서 오감을 최대한 이용하여 깨어날 수 있도록 고안된 자연스럽고도 다이내믹한 명상법입니다.

더 이상 이제는 눈 감고 가만히 오래오래 앉아 있는 것만이 최고의 명상법이라고 할 수가 없습니다. 이제는 명상법도 발전되고 새로워져야 합니다. 인간의 마음이 특별한 기능을 가지고 있다면 그 기능을 증폭시키는 특수효과시설도 필요합니다.

현대인들의 근기(根氣)가 낮다면 그것을 탓할 것만이 아니라 그런 수준에 맞게 더 새로워지고 더 도움을 잘 줄 수 있는 기발하고도 획기적인 명상법이 나타나야만 합니다. 모든 시대에 항상 새로운 것은 저항과 비판을 받아왔지만, 그러나 그런 정신을 가진 사람들에 의해 인류는 발전해왔습니다.

이제 명상계에 새로운 충격을 줄 새로운 이 식스존 명상법이 여러분께서 보다 더 빨리 깨달음에 깨어나시는 새로운 이정표가 되기를 기원하는 마음에서 이 책을 씁니다.

  이 책을 보시고 조금이라도 스스로에게 깨어나신 바가 있으시다면 이 명상학교의 활동에 많이 참여해주시고 관심도 베풀어주십시오.

  저희 명상학교가 이 혼탁한 시대에 맑은 물을 제공하는 작은 옹달샘으로서 그 기능을 지속할 수 있도록 많이 성원해주시길 바랍니다.

  감사합니다.

피올라 명상학교 교장
김연수